U0003899

LOCUS

LOCUS

LOCUS

LOCUS

_____**from**

vision

from 36　未來在等待的人才

A Whole New Mind

作者：Daniel H. Pink

譯者：查修傑

責任編輯：湯皓全

美術編輯：張士勇工作室

法律顧問：董安丹律師、顧慕堯律師

出版者：大塊文化出版股份有限公司

台北市105022南京東路四段25號11樓

www.locuspublishing.com

讀者服務專線：0800-006689

TEL：(02) 87123898　FAX：(02) 87123897

郵撥帳號：18955675　　戶名：大塊文化出版股份有限公司

總經銷：大和書報圖書股份有限公司　地址：新北市新莊區五工五路2號

TEL：(02) 89902588 (代表號)　　FAX：(02)22901658

製版：瑞豐實業股份有限公司

二版一刷：2020年12月

二版二刷：2023年2月

定價：新台幣320元

Printed in Taiwan

A Whole New Mind

未來在等待的人才

Daniel H. Pink 著

查修傑 譯

目次

第二部

高感性的六種力量

楔子：知識不再是力量

過去幾十年，這個世界是屬於一群擁有特定心智能力的特定族群——會寫程式的電腦工程師，專搞訴狀的律師，和玩弄數字的ＭＢＡ。但現在，豬羊即將變色。未來的世界，將屬於心智迥異的另一族群——有創造力、具同理心、能觀察趨勢，以及為事物賦予意義的人。這些藝術家、發明家、設計師、說故事高手、看護者、諮商員，及宏觀人士，將入主社會高報酬階級，坐享快意人生。

這本書描繪的就是這股鋪天蓋地而來，世人卻仍未察覺的趨勢洪流。我們正從一個講求邏輯、循序性與計算機

效能的資訊時代，轉化為一個重視創新、同理心，與整合力的創意時代。《未來在等待的人才》這本書適合任何想在這場變遷中求生發展的人，包括對現有工作和生活不滿足的人、急於了解下一波潮流的創業家與企業領導人、關心自己下一代未來的父母，以及那些兼具敏銳情感和靈活創意，卻在資訊時代備受忽略與貶抑的族群。

在這本書中，你將學習到六個關鍵能力，也就是我所謂的「高感性的六種力量」。這六個感性能力將逐漸主宰職場成就，它們是：設計、故事、整合、同理心、玩樂，和意義。這些能力都是人類與生俱來，人人皆可掌握的。而我的目的，就是要協助讀者獲取這些能力。

如此劇烈的變革必然牽扯複雜。但本書論證卻簡明易懂。近一世紀以來，西方社會，尤其是美國，盛行的是極度簡化、強調分析的生活模式。我們這個世代，是知識工作者的世代，被一群受高等教育、玩弄資訊、賣弄專業的人所佔據。但情勢將有變化，在幾股趨勢的推動下，我們正邁入一個新時代，這些趨勢包括：物質優渥引發非物質需求加深；全球化趨勢導致白領階層工作機會外流；科技進步甚至讓某些職業完全消失。當今世代運轉的原動力，是另一種思考與生活模式，而成功的關鍵，是我所謂的「高感性」（high concept）與「高體會」（high touch）。[1]

「高感性」指的是觀察趨勢和機會，以創造優美或感動人心的作品，編織引人入勝的故事，以及結合看似不相干的概念，轉化為新事物的能力。「高體會」則是體察他人情感，熟悉人與人微妙互動，懂得為自己與他人尋找喜樂，以及在繁瑣俗務間發掘意義與目的的能力。

巧合的是，上述這些變化正好都可用一樣東西來囊括說明──就是我們的大腦。我們的大腦分為兩半。左半邊是循序、邏輯、解析的。右半邊是非線性、直覺、宏觀的。左右腦的差異經常被當做諷刺搞笑題材，而事實上，我們也同時需要兩者才能完成最基本的日常工作。但左右腦在科學事實上的不同，卻是在我們理解當下、試探未來時，充當思考媒介的一個適切比喻。上一世代的主要技能──也就是推動資訊發展的「左腦能力」──在今天仍不可或缺，但已不敷使用。而過去被認為是風花雪月的技能──創新、同理心、玩樂、生命意義等「右腦」特質──未來即將成為職場順逆的主要關鍵。無論個人、家庭，還是企業，事業成功和生命滿足的先決條件都是新的全腦思維。

先解釋一下本書架構。很自然的，《未來在等待的人才》也是高感性與高體會的展現。第一部分──感性時代──介紹初始的共通概念。第一章概述左右腦主要差異，

並解釋爲何我們的大腦正是一個呈現當前趨勢的適切比喻。第二章詳細說明三股將我們送入感性時代的巨大社經潮流——富裕、亞洲,和自動化——藉此說服讀者當中堅持左向思考者。第三章解釋高感性和高體會,並舉證說明擁有這兩種能力的人,將可主導社會脈動。

第二部分——高感性的六種力量。這部分介紹在現今潮流轉變中,必須具備的六種基本能力。設計、故事、整合、同理心、玩樂,和意義。每一種感性力量我用一個章節討論,描述如何將它們應用在商業與日常生活中。在這些章節的每一章結束時,我都會附上「練習簿」——提供一些從我的研究和訪問中揀選出來的練習工具、習作,以及閱讀書單,以協助讀者開發這些感性力量。

全書九章,以多角度探討與訪察:從孟買的大笑俱樂部,到美國一所設在貧民區的設計專科中學,還有學習如何在世上任何角落都能一眼看穿虛僞的笑容。不過這趟旅程必須以大腦爲起點——在學習運用它之前,得先知道它的運作原理。因此我來到馬里蘭州畢瑟達(Bethesda)的國家衛生研究院,被人綁在床上,仰面躺著,塞進一個車庫大小的機器裡,任由電磁波橫掃我的腦袋瓜。

第一部

感性時代

右腦興起：感性才是力量

首先，他們把電極接到我的手指上，看我有沒有流汗，如果我不誠實回答，只要看排汗情形，馬上就會被揭穿。接著他們帶我到擔架那裡，擔架上包覆著藍色的皺紋紙，就是那種當你爬上醫生檢驗臺，會在你腳下沙沙作響的皺紋紙。我躺下，頭枕著擔架凹陷部位。我臉上晃著一具鳥籠般的面罩，很像電影《沉默羔羊》裡吃人醫生戴的那種口罩。我不安地翻身，開始感覺後悔，技術員拿起一捲厚繃帶，「不要動，」她說，「現在我要把你的頭黏住固定。」

這棟巨大無比的政府建築外頭，正下著一場五月毛毛

雨,而在裡頭──地下室一間冰冷房間的正中央──我準備接受腦部掃瞄。

我和我的腦袋瓜共處四十寒暑,卻從沒機會好好看看它。我看過別人大腦的示意圖或相片,但我從不清楚自己腦袋的模樣,或者它是如何運作的。現在,我有機會一睹為快了。

從很早以前開始,我就一直在想,面對工作機會外流、一切自動化、價值顛倒的大環境,現代人的未來到底在哪裡?而我發現問題的解答很可能就隱藏在大腦結構中。因此我自願來到位於華府郊區的國家衛生研究院的心理衛生研究院(National Institute of Mental Health),成為一項實驗裡的控制組──也就是研究人員所謂「健康的自願參與者」。這項研究須要拍攝腦部休息和工作時的狀況,換句話說,我不久就能目睹過去四十年,指揮我東奔西走的器官了──同時或許從中找到一些未來的指引。

我躺的支撐臺是從一臺奇異(GE)席格納3T(Signa 3T)機器中延伸出來的,這是全世界最先進的磁振造影設備之一,造價高達兩百五十萬美金,利用強力磁場來產生人體內部構造的高解析度影像。機器的體積龐大,長寬幾乎有八英呎,重量超過三萬五千磅。

機器的中央是一個圓柱型洞口,直徑大約兩英呎。技術員將我躺著的支撐臺送進洞口,直入這龐然巨物被挖空

的核心裡頭。我的雙臂緊靠身側，鼻尖距離頂部只有兩英吋，總覺得自己好像被人塞進魚雷管後，就把我給忘在那兒了。

鏘吭！鏘吭！鏘吭！機器動起來了。鏘吭！鏘吭！鏘吭！這感覺好像我戴了一頂頭盔，然後有人在外頭猛敲。接著一陣「滋滋滋！」的振動傳來，緊跟著一段寂然無聲，然後又是「滋滋滋！」，接著一段更長的寂靜。

大約半小時候，我的大腦照片出爐了。有點令人失望的是，它看起來就和我在教科書裡看到的一模一樣。中間一道垂直突起，把大腦分成看似對等的兩半。這點如此顯而易見，連神經科醫師在檢視我平凡無奇的大腦影像時，都立刻注意到這項特徵：「大腦球面大致呈現對稱，」他這麼寫道。也就是說，我頭蓋骨裡那三英磅麵團，和你腦袋裡那團一樣，都是等分為相連的兩半，一半叫左腦，另一半叫右腦。這兩瓣看起來如出一轍，但形式與功能卻大相逕庭，從我接下來繼續充當神經醫學白老鼠的過程，就可得到印證。

第一次掃瞄就像是肖像畫：我躺下，大腦擺好姿勢，由機器寫真。雖然肖像畫已經可以提供科學家不少資訊，但一種更新的技術—即所謂的**功能磁振造影**—卻能進一步擷取大腦運作中的影像。研究人員要求受測者在機器裡做些動作——如唱歌、聽笑話、解謎語——然後監視血液

流向腦部哪些部位，最後得到一張以色塊顯示大腦活躍部位的影像——就像一幅標示大腦雲層的衛星照片。此一技術為醫學帶來革命性進展，讓科學家更深入了解人類的感知經驗——包括閱讀困難症、阿茲海默症，以及父母聽到嬰兒哭叫時的反應等。

技術人員重新把我推入那具高科技鐵罐頭裡。這次他們裝了一具潛望鏡般的東西，使我可以看到機器外一個幻燈機螢幕上的內容。我的右手握著按鈕裝置，經由電線連接到電腦。他們準備刺激我的大腦——而我，則將領會一個用來解說二十一世紀必要生存條件的適切意象。

我的第一項作業很簡單，他們先在螢幕上放一張面帶極端表情的黑白相片（一個好像姚明踩到她腳趾頭的女子，或是一個看起來似乎剛發現自己忘了穿褲子的男人），然後拿掉那張照片，換上另一個人的兩張相片，我的工作就是：用手中的按鈕，指出哪一張臉孔的表情和最初那張照片裡的相同。

舉例來說，研究員給我看這張臉：

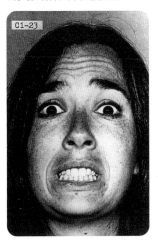

然後他們拿掉那張，換成這兩個臉孔。

 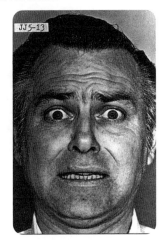

　　我按下右邊按鈕，因為右邊臉孔的表情和先前那張表達的同樣情緒。這份作業，老實說，實在不用太多大腦。

　　表情比對結束後，接著是另一項感知測驗。研究人員給我看四十八張彩色相片，就像幻燈片一樣連續播放，我必須根據相片場景是發生在室內或戶外，按下手中按鈕，照片內容呈現兩個極端，有些怪異而令人不舒服，有些則平淡無特別感受，像是桌上的馬克杯、幾個人揮舞著手槍、污水橫流的馬桶、一盞燈、幾起爆炸等。

　　例如，研究人員給我看類似這樣的畫面：*

＊我在這個階段實驗看到的照片，來自於一組普世情緒影像系統（International Affective Picture System, IAPS）。此系統的創始者和所有人是佛州大學彼得・蘭恩教授（Peter J. Lang），他要求我不要在書中刊出這些照片。「讓大眾頻繁接觸這些畫面，會嚴重損及它們在許多實驗計畫中的刺激效果，」他向我解釋。因此我在此使用的照片並非實際的IAPS材料，不過在主題、色調，和畫面結構上都與其類似。

我就會按下代表這幅場景是在室內的按鈕。這項測試
須要集中精神，但不到絞盡腦汁的程度，難度上和前一項
測試差不多。

不過，我的腦袋實際運作的情形，卻又完全是另一回
事了。當電腦顯示出我的腦部掃描圖時，可以發現當我注
視著猙獰的表情時，我的大腦右部立刻起而運作，並召喚
右腦的其他部分一起協助，而當我看到的是可怕的場景
時，我的大腦主要求助的對象，就變成了左腦。[1]當然，
左右腦在兩種情況下都有參與，而且我在兩項測試中的感
受並無不同。不過功能磁振造影清楚顯示，面對人臉表
情，我的右腦反應比左腦強烈，而目睹拿著槍的壞蛋和其
他危急狀況，反而是我的左腦率先發難。

為什麼會這樣？

左腦萬能？

人的大腦很不簡單，普通人的腦袋包含約千億個細
胞，每個細胞都與其他上萬同儕相互連接，形成由約上千
兆連結組成的複雜網路。控制我們走路、吃飯、呼吸，和
行動。協助發現DNA而獲諾貝爾獎的詹姆斯・華生
（James Watson），曾形容人腦是「宇宙間已知最複雜的東
西」。[2]（伍迪・艾倫則稱大腦是「我第二喜歡的器官」。）

　　然而複雜歸複雜，大腦的外表結構，卻呈現相對簡單與對稱。科學家很早就知道大腦被一條楚河漢界區分爲兩半，而一直到晚近，科學家都堅信大腦兩邊是不同且不平等的。他們的想法是：左腦比較重要，是人之所以異於禽獸的關鍵。右腦則是次要的——依照某些人的說法，是人類進化後的殘餘物。左半腦充滿理性、條理分明、符合邏輯——正是一般人對大腦的期待。右腦隱晦不明、不講道理、仰賴直覺——是人類過去生存所需，但早已拋棄不用的原始器官。

　　遠在希波克拉底（Hippocrates）的那個時代，醫者就相信心臟所在的左邊，是較重要的一邊。到了十九世紀，科學家更開始蒐集相關佐證。一八六〇年代，法國神經學家保羅・布羅卡（Paul Broca）發現左腦的一部分控制了語言表達能力。十年之後，德國神經學家卡爾・渥尼克（Carl Wernicke）也觀察到，右腦掌控著語言的「理解」能力。這些發現隨即催生看似無可辯駁的三段論證：由於語言是人類與禽獸的主要分別，既然語言存在於大腦左邊，那麼左腦就是人之所以爲人的關鍵要素了。

　　此一觀點在接下來一個世紀普獲接受，直到一名說話輕柔的加州理工學院教授，羅傑・史派瑞（Roger W. Sperry）出面扭轉我們對於自己腦袋的看法。史派瑞在一九五〇年代從事對癲癇患者的研究，這些人因爲癲癇發作

而必須切除胼胝體，也就是由三億神經纖維組成，連結左右腦的那一大束組織。在一系列針對這群「腦分裂」患者所做的實驗中，史派瑞發現前人的論點是有瑕疵的，沒錯，人的腦部確實分為兩半，不過他說，「大家所謂的次要或附屬部位，也就是先前被認為是文盲、低能，甚至被某些權威視為無作用的右腦，其實在執行某些心智活動時，反而才是主導的一邊。」換句話說，右腦並非次要，它只是不同罷了。「人似乎有兩種思考模式，」史派瑞寫道：「分別可以左右腦做為代表。」左腦負責循序思考，擅長分析和語言文字。右腦專精整體思考，辨識圖案，觀察情緒以及肢體動作。每個人其實都有兩副心智。

這這份研究為史派瑞贏得了諾貝爾醫學獎，並為心理學與神經科學領域，帶來永久性的變革，史派瑞一九九四年去世時，《紐約時報》在紀念文中描述他是「推翻左腦是大腦主導部位一貫成見的始作俑者」。《泰晤士報》則說他的所做的「實驗永遠為人津津樂道」。[3]

不過，史派瑞的觀點能夠從學術理論，轉變為基本常識，還要感謝其他人，尤其是一位加州州立大學講師，貝蒂・愛德華茲（Betty Edwards）的推廣。愛德華茲在一九七九年出版了一本題為《用右腦作畫》（*Drawing on the Right Side of the Brain*）的書，她在書中駁斥有些人天生不會畫畫的說法。「畫畫其實不難，」她寫道，「難的是觀

察。」[4] 而觀察的秘訣──真正視而有見的觀察──在於壓抑總想當老大的左腦,讓平常謙卑的右腦,發揮潛在的力量。雖然有人批評愛德華茲過於簡化科學理論,不過她的書卻暢銷大賣,還成為美術教育的必備教材。(本書第六章將介紹愛德華茲的教學理論)。

由於有史派瑞的革命性研究,配合愛德華茲的巧為推廣,再加上可呈現大腦活動情形的功能磁共振造影技術的出現,右腦如今已獲得某種程度的尊重。右腦不但真實,且不可或缺,是人之所以為人的重要理由之一。當今沒有一位神經醫學家敢質疑這點。不過出了實驗室和放射科診所,仍然經常可以聽到兩類關於右腦的錯誤迷思。

錯誤兩極

這兩種迷思的立場相反,卻一樣愚蠢。第一種迷思認為右腦是救世主,第二種迷思則覺得右腦只會搞破壞。

救世主觀點的信徒緊抓右腦研究的科學證據不放,不但完全接受,更把右腦當成了無所不能。他們深信右腦是人世一切真善美的發源處。神經科學家羅勃・歐恩斯坦(Robert Ornstein)就在《正視右腦》(*The Right Mind*)一書中寫道:

很多大眾書籍作家把右腦描寫為開拓人類思想、克服心靈創傷、甚至解救自閉兒的妙藥，彷彿右腦即將拯救人類，帶給所有人泉湧的創意、生命的意義，和烹飪的好點子。[5]

真是夠了。這些年來，救世主理論的信徒不斷大肆推銷右腦烹調、右腦瘦身、右腦投資，右腦作帳、右腦慢跑，以及右腦騎術的神奇美妙——更別提那些所謂的右腦命理、右腦占星、右腦房中術云云，或許藉此術生下的孩子，還得吃右腦麥片、玩右腦積木、看右腦卡通才能成大器。這些書籍、產品和研討會或許不乏實用智慧，但整體來說，卻是愚不可及。更糟糕的是，這些毫無理論根據的心靈類扯淡之作，往往不但無助於提昇大眾對右腦特性的理解，反而讓人更加混淆。

部分出於對這波右腦盲從潮流的反擊，坊間又有另一股相對的偏見儼然成形。此一觀點勉強承認右腦的重要性，但卻指出一昧強調所謂的右腦思考，將會危及過去靠著邏輯感性所辛苦打下的社會與經濟根基。右腦擅長的那些玩意兒——像是洞悉情感起伏、依靠直覺感知，還有整體性思考啦——都很不賴，但那些都只是理性智識這道主菜旁邊的開胃小點罷了。真正區分人與動物的是我們條理分析的能力。我們可是人類，看我會算數呦，這可是只有

人才會做的事。其他才能不止是「不同的」才能，更是
「次等」的才能。要是太專注於那些文謅謅，情緒化的東
西，遲早會把自己弄成笨蛋，幹不成大事。「總而言之，」
史派瑞過世前不久寫道，「當今社會其實**仍舊**歧視右腦。」
認爲右腦是來攪局的人，承襲了舊偏見，表面接受右腦存
在，實際上仍堅持右腦的地位低一級。

唉！右腦既無法拯救世人，也不會阻礙進步。眞相就
像現實一樣，永遠位於兩極之間。

科學事實

大腦的左右半球並不是像電器開關一樣，一邊亮起來
的同時，另一半就熄滅。幾乎在所有日常活動中，左右腦
都同時參與。「我們可以說：大腦的某些部位在人從事某
些活動時比較活躍，」一本醫學教科書中這麼解釋，「但
這不表示那些活動完全由特定大腦部位掌控。」[6] 即使如
此，神經科學家仍基本同意左右腦是以截然不同方式來控
制人的活動、解釋外在現象，以及回應外界刺激。（而這
些不同處，也提供了我們生活及工作上諸多行爲準則）。
經由三十多年來對於左右腦的研究，我們可以歸納出四項
主要差異：

一、左腦控制人體右半部；右腦控制人體左半部

舉起你的右手。我是說真的，現在就請你高舉起右手。這是你的左腦的傑作（更精確的說，是左腦的某一區）。接著，再請你踏一下你的左腳。這時，是你的右腦在工作。我們的大腦是「交互對稱」的，也就是大腦的一邊，對應的是身體的另一邊。這就是為何大腦右半部中風，會導致身體左半部行動不便，而大腦左半部中風，會阻礙右半邊身體行動。由於有九成人口是右撇子，因此有百分之九十的人，都是由左腦來控制書寫、進食、操縱滑鼠等重要行動。

交互對稱不只在我們提筆寫字、舉足踢球時發揮作用，甚至細微如移目轉頭也受其控制。例如，現在就請你慢慢向左轉動你的頭部。如同上面做過的動作一樣，這主要也是由相反的腦側——也就是右腦——所控制。接著，請你慢慢向右轉頭。這回，是左腦在負責主導。現在，隨便用哪一邊大腦，請你想出一個類似後者的日常活動，也就是須要由左至右移動頭部和眼睛的活動。提示：你正在做的事情就是了。西方語文的讀和寫，都是由左向右進行，因此動用的都是左腦。由希臘人在公元前五百五十年發明的書寫文字，是左腦被拱上主導地位的原因之一（至少在西方世界如此），也造就出哈佛古典學家艾瑞克・哈夫拉克（Eric Havelock）所謂的「字母式思考」（alphabetic mind）。以此觀點，左腦今日宰制一切就不足爲奇了。畢竟它是唯一知道如何用筆寫規則的部位。

二、左腦是循序的，右腦是整體的

「字母式思考」的另一特點，是依照先後順序處理聲音和符號。當你讀到這個句子時，你先看到「當」，然後是「你」，一個接著一個解譯每個字母、每個音節、每個字彙的意義。而這事實上，也正是左腦的專長。一本神經科學的教科書上是這個解釋的：

左腦尤其擅長辨識連續性事件──也就是組成元素次第出現的事件類型──以及控制行為的順序施展。左腦同時也負責控制連續性行為，例如口語表達（如說話）、理解對話，以及閱讀寫作均屬此類。[8]

相對而言，右腦的運作模式就不是像A-B-C-D-E這樣單線通行。它的特殊能力在於同時解譯所有事物。大腦右半邊「擅長的是同時看到所有東西，如在觀察幾何圖形時掌握其外型，或在觀察情勢時理解其意涵。」[9]因此，右腦在辨認人臉表情時，特別有用，也讓人腦具備電腦所不能及的優勢。例如我現在正用來打字寫作的這部iMac蘋果電腦，每秒鐘能處理百萬筆運算，遠勝地球上任何人類右

腦。但即使是世界上最強大的運算機，也無法像我的稚齡兒子那樣，快速準確地認出他看到的人。循序思考與整體思考的差異可以這麼樣形容：右腦就像一張圖畫，左腦就像千言萬語，而俗話說：一張圖畫，勝過千言萬語。

三、左腦擅長文本，右腦專司背景

大多數人的語文能力都是來自左腦，（右撇子中有九成五如此，左撇子中有七成如此，其他約百分之八人口的語文分工比較複雜。）不過右腦並未把所有控制權都交給左腦，左右腦其實是功能互補的。

想像某個晚上，你和你的另一半一起準備晚餐，正忙間，你的另一半突然發現你忘了買當晚最重要的食材，假設她／他抓起車鑰匙，嘟著嘴，瞪著你厲聲說道：「我去買東西。」此時任何大腦健全的人，都可以從話中得到兩個結論。第一，對方正準備去超市；第二，對方很火大。你的左腦解讀了第一部分，根據你另一半說話的聲音和語法，得出字面意義。但第二部分的訊息，卻是由右腦來理解的。因為原本中性的一句話「我去買東西」，這時一點也不中性，包括瞪視的目光和嚴厲的語氣，都傳達出對方很生氣的訊息。但若是左右腦任一側曾經受傷的人，便無法獲得這樣的雙重結論。右腦受損的病患，因為只有左腦功能正常，聽到這句話，只知道對方要去超市，卻無法體

會對方的不悅和憤怒。反之，左腦受傷的人，由於只有右腦運作正常，雖可感受伴侶的不快，卻很可能不知道對方要上哪去。左右腦的這層差異不只影響語文理解，也影響表達能力。右腦部分受傷的病患能夠有條理的說話——符合文法，用字也正確。但英國心理學家克里斯·麥梅諾斯（Chris McManus）在他的得獎著作《右手左手》（*Right Hand Left Hand*）中觀察道：

他們的語言不太正常，缺乏說話的抑揚頓挫，也就是語調高低、快慢、輕重，這些傳達情緒和提示重點的特徵。沒有韻律的說話方式，就像有時候在電話上聽到的那種電腦合成語音。[10]

雖然可能過度簡化，但我們大致可說：左腦主導說話的**內容**，而右腦專注於說話的**方式**——也就是言語之外，隱含情緒的眼神、面部表情、和語調高低。

不過左右腦的差異並不僅止於語言和非語言的分工。最早由羅勃·歐恩斯坦率先提出的文本／背景差異理論，其實還涵蓋更廣的層面。例如某些語文非常仰賴上下文，像阿拉伯文與希伯來文就經常僅以子音書寫，意味著讀者必須自己靠著上下文來推斷母音為何。在這類語文當中，如果看到類似「stmp n th bg」這樣一句話，讀者必須依據

這句話是出現在害蟲防制手冊（「stomp on the bug——踩死那隻蟲」），還是有關主角去郵局的短篇小說（「stamp in the bag——袋子裡的郵票」），來補上不同的母音。這些須要讀者自己填充母音的語文，往往也不同於英文的書寫方式，多半是從右寫到左邊的。[11] 而如稍早所述，向左移動眼睛的動作，則是由大腦右半部所控制的。

上下文在其他語言層面中也有其重要性。如很多研究顯示，右腦還負責理解隱喻。如果你說「荷西的心胸比蒙大拿還寬大」，我的左腦會立刻分析荷西是誰、心胸是什麼、還有蒙大拿面積有多大。可是當字面意義不合理時——荷西有限的胸腔怎麼可能塞得下十四萬七千平方英哩的心臟——左腦就向右腦請教，於是右腦告訴左腦：荷西並沒有異於常人的胸腔問題，這句話的意思其實是：荷西是一個慷慨仁慈的人。「左右腦缺一不可，」歐恩斯坦寫道：「我們須要有文本，才有上下文」。[12]

四、左腦解析細節，右腦凝聚要旨

一九五一年，以賽亞‧伯林（Isaiah Berlin）寫過一篇有關《戰爭與和平》的評論文，標題是讓人望而生畏的「托爾斯泰的歷史懷疑論」。柏林的出版商喜歡這篇文章，但受不了柏林的標題，因此就把題目改成更醒目的「刺蝟與狐狸」，典出希臘俗諺「狐狸知道很多細節，刺蝟清楚

一個重點」。這個重新取過的標題讓柏林打響名號，而同樣的概念也正好用來闡述左右腦間第四個差異：左腦是狐狸，右腦是刺蝟。

「一般而言，左腦負責資訊的分析，」一本神經科學入門書這麼寫，「相反地，右腦的專長則是綜合，它尤其擅長將獨立的元素拼湊後做出整體結論。」[13] 分析和綜合是處理資訊最基本的兩種方式。你可以把整體分解為元素，你也可以把元素合併為整體。兩者皆為人類理則思考之所必須，但掌理的大腦部位則迥異。史派瑞在一九六八年的一篇論文中提到此一關鍵差異（與雷維艾葛雷斯蒂〔Jerre Levy-Agresti〕合著）：

資料顯示，一般認為不善表達、次要的右腦，其實專長處理完形感受。主要負責整併收到的資訊。相對的，一般認為比較重要、精通語文的左腦，似乎是以嚴守邏輯、類似計算機的解析模式運作。而左腦的語文功能並無法提供右腦那種快速綜合複雜事物的能力。[14]

左腦專注單一解答，右腦關照整體型態。左腦重視分類，右腦注意關聯。左腦清楚每個細節，但只有右腦能掌握全局。

而這一切，又可從我那些腦部掃瞄獲得印證。

杏仁核的恐懼與不悅

　　大腦根部附近躺著兩個杏仁狀器官，功能類似大腦的國土安全部[15]。它們叫做杏仁核，在處理情緒，尤其是恐懼感方面至關重要。左右腦各一具杏仁核，意味著外在威脅隨時受到監控，可以想見，當我待在磁振造影機器裡看著生氣的表情，和可怕的情境時，我的杏仁核當然猛拉警報，但由那一邊的杏仁核發難，卻依圖片的不同而有很大差異。

　　從掃瞄結果可看出，當我注視人臉表情時，兩顆杏仁核都有反應，但右邊的反應顯然激烈的多。反之，當圖片顯示的是場景時，左邊的反應就比右邊活躍。這樣的結果和左右腦的差異正相符合。

　　左腦為何對場景，比對人臉的反應激烈？因為正確評估一個情境須要的是機關槍般快速的循序推理，而這正是左腦擅長的工作。想像一下那張槍口近逼的照片所引發的一連串邏輯推論：這是一把槍。槍很危險。他正拿槍對準我。這場景很可怕。於是我左邊的杏仁核趕緊跳起身，打破玻璃，按下警鈴開關。相反的，左邊杏仁核在我看到臉部相片時，就平靜許多（但並非全無反應），這是因為右腦的特長就是辨認人臉與理解表情，無數的研究結果已經證明這一點。這項特長需要的不是循序分析的推理，而是同時詮釋臉部各部位，綜合得出整體性結論的能力。

　　上述的杏仁核反應差異，還有其他背後因素。要體會被別人拿槍指著代表威脅，必須先**學到**這層意義。根據主導這部分國家衛生研究院計畫的神經科學家阿瑪德·哈里里（Ahmad Hariri）表示，我對這些影像的反應「很可能是透過經驗和社會傳達而學到的東西，因此即使不完全仰賴，也是以左腦的反應為主要依據。」[16] 如果我把那張相片拿給從來沒見過手槍，因而渾然不覺其危險性的人看，得到的反應可能是困惑，而非害怕。相對來說，如果把之前人臉的圖片拿給從未見過白人女性、或甚至與世隔絕的部落居民看，對方卻多半仍舊能夠解讀表情意涵。事實上，這正是開發出這套圖片（稱為表情編碼系統〔Facial Action Coding System〕）的加州大學舊金山分校教授保羅·艾克曼（Paul Ekman）（本書第七章將繼續討論其研究）過去三十五年持續針對從大學生到新幾內亞偏遠部落等不同族群人口測試之後，所獲得的發現：「從來沒有任何一個族群，將同一表情歸類於不同的情緒。」[17]

　　由此看來，我的大腦不但外表尋常，連運作方式也尋常。左右腦一起合作──但明顯分工。左腦處理邏輯、順序、字義，和解析。右腦負責綜合、表情、背景，及全局。

全腦新智

有個老笑話是這麼說的：世上有兩種人，一種是相信一切事物都可以分為兩類的人，另一種是其他人。人類似乎總喜歡把生命中的事物二分法。東方對西方。火星對金星。理性對感性。左邊對右邊。但是在多數情況下，我們其實不必選邊站──甚至可能因為選邊站而身陷困境。例如，只靠邏輯而缺乏情感，將淪為《星艦迷航記》（*Star Trek*）裡史巴克（Spock）一般的冷酷無趣。一昧感性而沒有邏輯，世界將變得愁雲慘霧而歇斯底里、時鐘不準、公車誤點。總之，陰陽調和，才是中道。

尤其大腦更是如此。左右腦必須協同運作，少了任一方就像交響樂團一半樂手罷工一樣難以卒聽。就如麥梅諾斯所說：

有些人或許喜歡把左右腦當成獨立個體來討論，不過它們其實都只是半個腦袋，必須合起來才能組成完整的大腦，形成獨立思考的個體。左腦負責邏輯分析，右腦熟悉人情世故，兩者相加得到一具強大思考機器，各自為政結果勢必荒謬可笑。[18]

換句話說，一個健康、快樂、成功的人生，必須同時仰賴大腦的左右兩邊。

不過左右腦運作的差異，確實提供了一個理解個人與組織特性的適當**比喻**。有些人善於邏輯、循序、電腦般的思考方式，他們往往選擇律師、會計師、工程師等職業。有些人偏向整體、直覺、非線性的思考，工作上則挑選發明家、演藝人員，以及諮商員。而這些個人的差異又進一步影響到家庭、機構團體，與整個社會。

前者，我們可以稱之為**左向思考**，這是一種偏向左腦特性的思考與生活方式，強調循序、字義、功能、文本，與分析。這種思考模式的發起與目的都遵循左腦特性，在資訊時代備受重視，以電腦程式設計師為其代表，現實的企業界視若珍寶，學校教育奉為標竿。另一種人，則可以稱之為**右向思考**。這是一種偏向右腦特性的思考與生活方式，強調同時、暗喻、美感、上下文，和綜合。這種思考模式的發起與目的都遵循右腦特性，在資訊時代備受輕視，以創作者和看護員為其代表，企業界視若屣，學校教育忽略不教。*

當然，兩種思考方式我們都需要，才能活出圓滿生命、打造出有創造力和公平正義的社會。但光從我特別需

---

*由於實際上很少人類活動是僅由一邊腦袋控制的，所以我選擇使用「左向思考」與「右向思考」兩個詞，而不直接稱之為「左腦思考」和「右腦思考」。當然，這不是一本討論神經科學的書，只是以神經科學為依據來打個比喻。但即使只是（或許正因為是）比喻，也要符合科學事實。

要強調這一點，就可看出我們的社會受到簡化、單一價值論的影響有多大。雖然如今出現將右腦捧上天、超乎科學根據的另一派聲浪，但社會偏袒左腦的情況依舊明顯。多數人認為左向思考比右向思考高明，認為前者才值得尊敬。後者雖有其用處，卻是次等的。

不過，這一切即將改變，且此一變化將劇烈衝擊我們的生活。過去掌握方向盤的是左向思考，右向思考只能當乘客。如今，右向思考突然奪下了方向盤，踩著油門，掌控我們的去向與路線。左向能力——SAT測驗（入學能力測驗）和會計師必備的那些能力——仍有其價值，但已不足以應付所需。相反的，以往備受歧視和冷落的右向能力——藝術性、同理心、宏觀思考、非物質追求——將逐漸成為決定成敗的關鍵。這轉變之巨大，開始或許讓人難以適應，但終究能為你我生命創造更多意義。而在下一章裡，我們將探討這轉變發生的由來。

富裕、亞洲，和自動化

和我一起回到過去那個年代──一九七○年代，我的孩童時期。我小的時候，美國的中產階級父母幾乎清一色都是這麼樣告訴他們的孩子：好好唸書，拿好成績，上好大學，找個讓人衣豐食足，或許還受人景仰的好工作。如果數學和物理化學不錯，最好當個醫生。如果語文和歷史的成績好，當律師準沒錯。如果看到血就昏倒而且辯才有礙，就做會計吧。再過幾年，電腦如雨後春筍般冒出，執行長躍上封面人物，那時的年輕人如果數理**真的**很好，一定走高科技，其他則一窩蜂湧入商管研究所，滿心相信成功和MBA可以劃上等號。

　　律師、醫師、會計師、工程師，和企業主管。偉大的彼得・杜拉克（Peter Drucker）曾把這群專業人士取了一個適切性待考，但傳頌許久的稱號：「知識工作者」。知識工作者是指那些「將課堂學得的知識應用於工作，而非靠勞力或手工技術換取報酬的人，」杜拉克這麼定義。此一職場族群和其他族群的差異在於他們「吸收理論和資訊，並加以應用的能力」（換句話說，他們擅長左向思考）。杜拉克說，這些人或許永遠不會是多數，但他們「將成為浮現中的知識社會裡的骨幹、領導者，和主要特色。」[1]

　　就像過去一樣，這回又給杜拉克說中了。知識工作者與其思考模式確實塑造了這個時代的骨幹、領導者，和主要特色。回想一下中產階級美國民眾在邁向知識工作階級的過程中，所遭遇的層層關卡。隨便舉幾個例子：PSAT、SAT、GMAT、LSAT、MCAT。注意到它們之間除了最後兩個字母一樣還有什麼共同點嗎？這些測驗都是用來評量高純度的左向思考，需要的是邏輯和分析能力——受試者須如電腦般準確挑出單一解答，即可得分。測驗過程是線性、循序，有時間限制的。先解答一個題目，再繼續下一題，再下一題，再下一題，直到時間用完為止。這些測驗已形同進入專業、中產階級的資格考試，並建立起一個測驗王國——在這國度裡，享受優渥生活的先決條

件，是具備邏輯、循序、快速思考的能力。而且此一現象不僅止於美國，從英國的入學測驗到日本的升學補習班，多數已開發國家都投入了無數心力，努力製造左腦思考的知識工作者。

這項政策已經獲得極大成功。它打破了貴族的特權壟斷，擴大了民眾受教育和工作的機會，推動了世界經濟成長和生活水平提升。然而，測驗王國正在凋零當中，它所扶植栽培的左向思考仍具影響力，但卻已不再足夠。如今，我們正逐漸邁入一個**右向思考**主宰成敗的時代。

對某些人來說，這是大好消息，但另一部分人可能當我睜眼說瞎話。這一章主要就是為後者而寫——也就是那些聽從父母教誨，努力考好一堆測驗的人。為了證明我所說不假，我將用左腦的因果論制式語言，來說明此一潮流演進——結果是：左向思考的重要性相對降低，右向思考的重要性相對增加，而原因是：富裕（Abundance）、亞洲（Asia），和自動化（Automation）。

富裕

時光再回溯到我童年的一九七〇年代。每年八月，我母親都會帶我們兄弟姊妹去採買新學期穿的新衣。我們固定光顧的商店，是俄亥俄州前三大購物中心之一的伊蘭廣

場（Eastland Mall）。走進廣場裡頭，我們習慣到全國性的百貨連鎖如席爾斯（Sears）或傑西潘尼（JCPenney），或是本地的商店如拉撒路（Lazarus），那兒的兒童區大概有十幾個貨架商品可供選擇。廣場裡其他還有大約三十幾家規模較小的商店，櫛比鱗次排列在廣場走道兩旁。就像當時的多數美國人一樣，我們也深信伊蘭廣場和其他類似的空調室內購物中心，象徵了當代富裕生活的極致。

可是我自己的兒女，卻一點也不認為這些有何特殊之處。在我們位於華府特區家中的二十分鐘車程內，就有四十幾家超級購物中心——而且無論規模、商品種類數量，都超乎三十年前所能想像。就以維吉尼亞北部，一號公路上的波多馬克廣場（Potomac Yards）為例，某個八月週末早晨，我和妻子帶著三個孩子驅車前往採購開學用品。我們先從這座超大廣場的最遠端開始，在女裝部門，我們試穿了莫西摩（Mossimo）的品牌上衣和運動衫，梅羅納（Merona）的運動夾克，艾撒克・米茲拉西（Isaac Mizrahi）的外套，以及莉茲・蘭吉（Liz Lange）的品牌孕婦裝。童裝部門也一樣選擇繁多，而且同樣講究流行品味。義大利設計師莫西摩旗下有一整櫃童裝——包括我們買給兩個女兒的成套絲絨外套長褲。商品種類之多樣，花樣之繁多，和七○年代我的童年相比，簡直令人咋舌。然而這些高級童裝，和我小時候穿的地攤貨之間最大的差異，在於它們

反而更便宜。這是因為我們並不是在什麼精品店裡購物，我們光顧的是標靶百貨（Target），那套絲絨莫西摩套裝標價多少？美金十四塊九毛九。女裝上衣？九塊九毛九。我太太的麂皮米茲拉西外套？四十九塊美金。旁邊幾個貨架之外，擺著塔德歐罕（Todd Oldham）設計的家飾品，價錢比我爸媽以前在席爾斯百貨買的還要便宜。整座商場隨處可見無數物美價廉的商品。

而標靶百貨不過是波多馬克廣場裡多家以中產階級為訴求對象的商店之一。就在隔壁，面積兩萬平方英呎的文具商場（Staples）陳列著七千五百種學校和辦公用品。（在歐美各地共有一千五百多家類似文具商場分店。）文具商場旁邊，是規模同樣巨大的寵物超商（PETsMART），這家連鎖店在美國和加拿大有六百家分店，每家店平均每天營業額高達一萬五千美金，[2]甚至還附設有寵物美容服務。寵物商場的鄰居，是超值電器（Best Buy）。這家電器零售店的賣場比我住的那一整塊街區還大，其中一個部門賣的是家庭劇院設備，展售各種各樣的電視機——電漿電視、高解析度電視、薄型平面電視——從四十二吋、四十七吋、五十吋、五十四吋、五十六吋、一直到六十五吋。在電話區裡我算了一算，總共有三十九種無線電話。而上述四家商店合起來，也不過佔整個購物中心三分之一的面積罷了。

　　然而波多馬克廣場最特殊的一點，在於它一點也不特殊。在全美各地可以找到無數類似的消費天堂——在歐洲和亞洲部分地區也有逐漸增多的趨勢。這些血拼樂園只不過是現代生活形態丕變的外在徵兆之一而已。人類歷史上，物資匱乏是常態，但今日全球大半地區的社會、經濟、文化特徵，卻已經轉變為**富裕**。

　　我們的左腦為我們帶來了財富。在杜拉克口中知識工作者的推動之下，資訊經濟在許多已開發國家創造了三個世代前難以相像的高水平生活。

　　舉幾個社會富裕的例證。

　　·二十世紀大半期間，美國中產階級都在為房子和車子賣命，如今三分之二美國人都已經住者有其屋。（事實上，現在有百分之十三的購屋交易是買第二棟房子。）[3] 汽車方面，今日全美汽車數量超過有照駕駛人數——換句話說，整體而言，所有能開車的人都已經擁有汽車。[4]

　　·家戶倉儲——專門提供民眾儲放物品空間的一種服務——在美國已發展成每年一百七十億美金市場規模的行業，比電影產業還要龐大。不只如此，此一行業在其他國家還以更快的速度成長中。[5]

　　·當我們儲存不了那麼多東西時，就開始丟了。財金作家波麗拉貝兒曾寫道：「美國人買垃圾袋的花費，比世

界上九十個國家人民的總生活開支還要高。換句話說，我們花在裝垃圾的袋子上的錢，比將近半數國家的所有消費都還要多。」[6]

但富裕卻也帶來了矛盾的結果：左向思考的盛行，反而促成了它本身重要性的降低。左向思考創造的繁榮富裕，使得人們轉而看重非理性、偏右向的感受特質，如美感、性靈、感性等。對企業而言，如今僅僅是生產出售價合理、功能良好的產品，已不足以滿足顧客需求，因為客戶想要的是美觀、獨特、有意義的東西，亦即作家帕斯特羅（Virginia Postrel）所謂的「美感標準」（the aesthetic imperative）。[7] 從我們全家的標靶百貨一日遊，即可發現此一變化的徵象之一，是新中產階級對設計的癡迷。從前述時尚設計師，到設計名家卡林・拉西德（Karim Rashid）、菲力普・史塔克（Philippe Starck）等人，現在都開始為這家消費中等、品味中等的標準美國中產階級商場，設計各種產品。標靶百貨和其他零售業者已經賣出超過三百萬個拉西德設計的「嘉寶」（Garbo）塑膠垃圾桶。名家設計的垃圾桶！這種邏輯你用左腦想破頭也想不明白。

還有這玩意兒，也是我在標靶百貨買的，你怎麼說？

　　這是一個馬桶刷──一個由麥可‧葛雷夫斯（Michael
Graves）設計的馬桶刷。他是普林斯頓大學建築系教授，
也是全世界最知名的建築師和產品設計師之一。價格：美
金五塊九毛九。只有在富裕的前提下，才會有這麼多人買
美麗的垃圾桶和馬桶刷──將原本柴米油鹽、純粹功能性
的商品，轉化為激發欲求的商品。

　　在富裕的年代，僅僅訴諸理性、邏輯，和功能早已不
敷所需。工程師的職責是讓產品發揮功用，但若外觀不悅
目或無法讓人感動，註定乏人問津，因為市場上有太多其
他選擇。掌握設計、同理心、趣味，和其他「不實際」的
特色，才是無論個人企業，在今日擁擠的市場中鶴立雞群
之道。

　　富裕現象對右向思考的提攜，還有另一個重要層面。當我臨終之時，我不太可能在回顧一生時說：「唉，此生憾事不止一椿，但至少我買了那支葛雷夫斯設計的馬桶刷。」富裕讓我們擁有許多美麗的東西，但成堆的物質商品不見得讓我們的生活更快樂。諷刺的是，雖然生活水準過去幾十年來不斷提升，但民眾對個人、家庭、生命的滿意度卻絲毫未見增加。這就是為何有越來越多人在享受富裕帶來的自由卻仍感空虛之下，開始追索生命意義。就如哥倫比亞大學的戴邦可教授（Andrew Delbanco）所說：「當代文化最顯著的特徵，是對玄奧事物的高度飢渴。」[8]

　　造訪先進國家的任何一個中產社區，除了消費機會充斥，你還會看到人們對俗世以外事物的追求。從主流大眾擁抱瑜珈、冥想等過去少數人學習的活動，到企業內部對性靈的關注，還有討論宗教主題的書籍電影絡繹不絕，都顯示人生意義的追求已成為現代生活的一部分。世人逐漸從但求糊口的汲汲營營，演進到對根本人生問題的探討。無可否認，並非每一個已開發世界的民眾都享有物質優渥，開發中國家更多半貧困，但富裕至少已下放到數億人口之間，使他們不須為生存而賣命，並且如諾貝爾獎經濟學家福格爾（Robert William Fogel）所說：「讓自我實現的追求從僅限於人口一小部分的活動，轉變為幾近全民運動。」[9]

雖然不太可能，但讀者若仍舊心存疑惑，那麼請看這最後一項——極具說服力的——佐證。電燈在一個世紀前非常罕見，今天卻早已舉目皆是：電燈泡價格低廉，電力供應全面普及。而蠟燭？誰需要蠟燭？事實證明，很多人需要。在美國，蠟燭的市場規模一年高達二十四億美金[10]——這顯然不是出於對照明的理性需求，而是來自人對美感與性靈層面的渴望。

亞洲

我在寫這本書時，訪談了這四個人。

他們正是我在本章一開始提及的知識工作者最佳範例。就像許多資質良好的中產階級年輕人，他們聽從父母的忠告，中學努力讀書，進一流大學取得工程或電腦科學學位，目前在一家大型軟體公司上班，替北美銀行和航空公司寫電腦程式。但從事高科技產業的他們，年薪沒有一個超過一萬四千美元。

美國的知識工作者們，這四位是你們的新競爭對手：絲瑞薇迪亞、拉利特、卡薇塔，和卡莫，來自印度孟買。

近年來，企業外包在美國引起極大爭議和輿論焦慮。上述這四位，和其他無數印度、菲律賓、中國程式設計員，已經把北美的軟體工程師等一眾左腦專業人士，嚇得魂不附體，急著奔走抗議、發動杯葛，甚至扯進政客角力。他們所做的程式設計工作雖算不上跨國企業裡最專業的技術，但直到最近都幾乎是美國本土雇員禁臠──平均超過七萬美金的年薪，輕鬆超越白領標準。如今二十五歲的印度年輕人也加入這一行──程式寫得即使不更好也一樣好，完成速度即使不更快也一樣快──而薪水卻只相當於速食店櫃檯員工。不過，這樣的待遇以歐美標準而言微不足道，卻是印度人平均薪資的二十五倍，足以讓他們晉身中上階級，享受休假、擁有一棟自己的公寓。

孟買這六位程式設計師只不過是一股全球大潮流裡的幾顆小水珠。每年，印度大專院校都產出三十五萬名工科

畢業生，[11] 這也是有半數以上財富五百大企業都把程式設計外包到印度的原因之一。[12] 舉例而言，奇異公司百分之四十八的軟體都是在印度寫出來的，整個企業在當地雇用高達兩萬員工（印度分公司甚至貼出「禁止擅入，違者雇用」的標示）。惠普（Hewlett-Packard）在印度雇用數千名軟體工程師，西門子在當地聘用三千名電腦程式設計師，未來還打算追加一萬五千類似海外職缺。甲骨文擁有五千名印度員工，大型印度電腦顧問公司懷普洛（Wipro）旗下擁有一萬七千名工程師，為家居貨棧（Home Depot）、諾基亞（Nokia），和新力（Sony）等提供服務。奇異印度分公司執行長告訴英國《金融時報》（*Financial Times*）：「任何針對美、英、澳等市場，以英語為主的工作，都可以在印度完成，唯一的限制只在你的想像力。」[13] 確實，靠著企業高度的想像力，印度的外包接單範圍早已遠超過電腦程式設計領域。金融服務業如雷曼兄弟（Lehman Brothers）、貝爾史登（Bear Stearns）、摩根史坦利（Morgan Stanley）、和摩根大通銀行（JPMorgan Chase），都將會計運算和財務分析作業外包給了印度商管畢業生。[14] 財經新聞通訊社路透社（Reuters）把低階編輯工作交給了印度員工。放眼印度職場，到處可見替美國企業報稅的印度會計師，為美國客戶研究法條的印度律師，和替美國醫院分析斷層掃描片的印度放射技師。

而且，這並不只限於印度。各種左向類型的白領工作都在逐漸遷移到世界其他地區。摩托羅拉（Motorola）、北方電訊（Nortel）、英代爾（Intel）在俄羅斯設置軟體研發中心、波音也把一大部分航太工程職缺移往當地，電腦服務大廠電子資料系統公司（Electronic Data Systems）在埃及、巴西、波蘭聘用軟體研發人員。不只如此，許多加州設計公司都到匈牙利找建築師畫基礎藍圖，菲律賓會計師負責了部分凱捷安永（CapGemini Ernst & Young）的稽核業務，荷蘭電器大廠飛利浦在中國聘用了大約七百名工程師，當地大專學校每年產出的工程系畢業生已經幾乎與美國相當。[15]

主要動機？是錢。在美國，一名晶片設計師的月薪平均是七千美元；在印度，同樣的工作月薪只有一千美金。在美國，普通的航太工程師一個月賺六千美金；換到俄國，同樣的職缺每個月只領六百五十塊美金。美國的會計師月薪達到五千美元，可是在菲律賓同樣的會計工作薪水是美金三百塊。很少嗎？一點也不少，菲律賓的平均個人「年」收入是五百美元。[16]

對這些海外知識工作者而言，新的世界經濟模式就像是美夢成真。但對歐美各地的白領左腦工作者而言，卻無異惡夢連連，例如：

．美國的電腦、軟體，和資訊科技產業在未來兩年內，準備將十分之一的工作機會送往海外。四分之一的資訊產業職缺都將在二〇一〇年前外移。[17]

．根據佛瑞斯特市場研究（Forrester Research）的調查：「至少三百三十萬白領工作和總額一千三百六十億美金的薪資，」將會在二〇一五年之前，「從美國移轉到低薪資國家如印度、中國、俄羅斯。」[18]

．日本、德國、英國等也將出現類似的工作機會流失現象。光是英國，未來數年裡就會外包兩萬五千個資訊產業工作機會，和三萬個金融職缺。到了二〇一五年，歐洲總共將流失一百二十萬個職位。[19]

外界對外包現象的過分憂慮已經超越了實情。我們不會在一夕間全都飯碗不保。企業外包的短期問題被過分誇張，但對其可能造成的深遠影響，又缺乏討論。隨著全球通訊成本驟降至近乎零，開發中國家又不斷培養出高品質的知識工作者，歐美與日本等地雇員將面臨工作本質的劇變。如果制式化的左向類型工作（如許多金融分析、醫學掃描，和電腦程式設計作業）能夠在海外以低廉甚多的成本完成，並透過光纖通訊交貨給客戶，那麼這些工作遲早會外移。這樣的巨大轉變對許多人來說或許不易接受，但其實美國過去就經歷過類似變遷。大量生產時期的工廠作

業，也曾在二十世紀下半葉，漂洋過海到其他國家。就如當時美國工廠工人必須學習新技能，從操弄機具轉爲操弄鍵盤一樣，今日的知識工作者也須要掌握另一套工作能力。他們必須改做海外勞工無法以低廉薪資達成的右向類型工作，像是辨認事物間的關聯（而非執行固定作業）、完成新的工作挑戰（而非處理制式問題），以及綜觀全局（而非分析單一環節）。

自動化

來見見兩個人。其中之一是個象徵性人物，但可能眞有其人。另一位是個眞人，但或許即將成爲象徵人物，而且他不見得很高興。

第一位是他，美國郵票上的不朽人物。

　　幾乎每個美國學童都知道，約翰・亨利（John Henry）是個鐵路工人。永遠一隻鐵鎚在手，約翰・亨利象徵著力量與正直。（不幸的是，沒有人知道他是不是真有其人，許多歷史學家認為約翰・亨利是個被解放的黑奴，南北戰爭之後成為鐵路工人，不過這點無法證實。）他的工作是打穿山壁，鑿出山洞，好鋪設鐵軌，建造鐵路。不過約翰・亨利可不是普通工人，他開山鑿壁的本領比任何人都要強，也讓他成為眾人稱頌的傳奇人物。

　　傳說有一天，一名業務員來到工人宿舍，背著一具新式蒸氣馬達鑽孔機，並宣稱其效能超越任何人類壯漢。約翰・亨利嗤之以鼻，不相信幾顆齒輪會是人類力量的對手，於是他提議辦場比賽——人對決機器——看看到底誰打穿山壁的速度比較快。

　　第二天下午，比賽展開。蒸氣鑽孔機在右邊，約翰亨利在左邊。機器一馬當先，不過約翰・亨利立刻急起直追。大塊石頭隨著雙方敲鑿山洞而不斷落下。不用多久，約翰・亨利就逼近對手，而就在終點前，他猛力衝刺，超越鑽孔機，率先打穿山的那一頭。旁觀工人齊聲歡呼，但約翰・亨利卻因為體力耗盡而倒地不起，結果一命嗚呼。這個故事四處流傳，被編入歌曲、寫入書中，約翰・亨利的死，也成了工業時代到來的象徵：某些工作，機器現在可以做的比人類更好，而人類的尊嚴也因此部分受到犧

牲。

接著再介紹第二位人物。

蓋瑞・卡斯帕洛夫（Gary Kasparov）是西洋棋世界棋王，他的棋力不但稱霸當代，甚至足以睥睨古今，但除此之外，他也是我們這個世代的約翰・亨利，因為他的超人棋力也被機器一舉超越。

卡斯帕洛夫在一九八五年首度奪下棋王頭銜，而幾個研究團隊也差不多從那時開始研發會下棋的電腦。接下來十年裡，卡斯帕洛夫沒有輸過任何一盤棋，一九九六年他更打敗了當時最強的下棋電腦。

不過到了一九九七年，卡斯帕洛夫對上了功能更強的電腦，一具重達一點四噸，取名「深藍」的IBM超級電腦，展開外界所謂「人腦最後防線」的六盤棋局。[20] 結果出乎所有人意料之外，深藍竟然擊敗了卡斯帕洛夫，其所

引發之震撼從《西洋棋界》（*Inside Chess*）雜誌當期封面標題：「末日棋局！」[21] 就不難體會。為了一雪前恥——替自己也替所有左向思考人類爭回面子——卡斯帕洛夫隨即安排另一場電腦與人類的棋賽，對手是一具以色列研發的電腦，名叫「新深代」（Deep Junior）。它曾三度贏得世界電腦西洋棋大賽冠軍。

西洋棋在許多方面都可視為典型左腦活動。它幾乎不含情感成分，須要大量的記憶、理性思考，和純粹運算，而這些都是電腦最擅長的。卡斯帕洛夫說他下棋時可以每秒推敲一到三個棋步，反觀「新深代」推算棋步的速度就…哦，稍微厲害一些，大約每秒兩「百萬」到三「百萬」個棋步。不過，卡斯帕洛夫仍深信人有其他優勢，足以和電腦在六十四個棋盤方格內一較高下。

二〇〇三年美式足球超級盃決賽那天，卡斯帕洛夫昂然走進陳設入時的紐約下城運動俱樂部，展開另一場人類對決機器的史詩戰役——總獎金六百萬美金的六場棋局。數百棋迷到場觀戰，還有數百萬人透過網路看棋。第一局，卡斯帕洛夫獲勝；第二局，雙方戰成平手。第三局剛開始，卡斯帕洛夫氣勢如虹，但眼見勝利在望，他卻掉入了新深代設下的陷阱，敗下陣來。到了第四局，卡斯帕洛夫出手緩慢，勉強戰成了平手。始終對搞砸第三局耿耿於懷的他坦承：「夜不成眠而喪失自信」。[22] 第五局又是以

和局收場，使得最後兩局成爲決勝關鍵。

卡斯帕洛夫很快取得優勢。《新聞週刊》(*Newsweek*)事後報導：「面對任何人類棋手，他都會積極搶攻，乘勝追擊。可是他面對的並不是人類。」過度猶疑之下，他犯了一個小錯誤，導致他情緒大受影響，「反觀電腦卻完全沒有這種困擾。更糟的是，讓機會溜過之後，他無法從對方可能也會犯錯的想法中汲取希望，因爲他的對手是程式寫成的。這番認知讓偉大的卡斯帕洛夫也難以承受，更持續影響他，直到比賽結束。」[23]

最後，雙方打成平手——第五局如此，整場棋賽也如此。[24]

人類有許多優勢，但碰上西洋棋——以及越來越多其他重度仰賴規則、邏輯、計算、循序思考的活動——電腦顯然棋力更強、速度更快。不只如此，電腦還不會累，它們不頭痛、不因壓力而呆滯、不因失敗而沮喪。它們不擔心觀眾想些什麼、不關心報紙下什麼標題、不需要休息、不會犯錯。甚至一向狂妄自大的西洋棋大師也俯首稱臣。曾在西洋棋界呼風喚雨的卡斯帕洛夫在一九八七年表示：「沒有任何電腦能打敗我。」[25] 如今淪爲現代約翰·亨利，他改口：「人類最多再撐個幾年，之後電腦將局局獲勝，人類想求一勝都很難。」[26]

上個世紀，機器證明了它們可以取代人類肌肉。這個

世紀，新科技正逐漸顯示，人類的左腦也是可被取代的。
管理大師湯姆・彼得斯（Tom Peters）說的好：對白領勞
工來說，「軟體就是大腦的起重機」。電腦軟體不會取代
所有的左腦工作，但會消弭許多工作機會，並讓其他工作
質變。任何制式化職務──只遵循一套規則，或可分解為
重複性步驟的工作──都有滅絕危機。就算月薪五百美金
的印度會計師沒有搶走你的飯碗，財稅軟體也遲早會取代
你。

以三種左向職業為例：電腦程式設計師、醫生，和律
師。「過去，」電腦科學家維諾・文吉（Vernor Vinge）表
示：「任何具備公式化電腦技能的人，都可以成為電腦程
式設計師。但現在不同了。公式化程序已經逐漸被交給機
器去做。」[27] 的確，一家名叫程式因子（Appligenics）的
英國小公司創造了一套會寫程式的軟體。一般人類程式設
計師──不管是印度人還是薪水較高的美國人──每天大
約可寫四百行程式，相較之下，程式因子這套軟體寫四百
行程式只需**不到一秒**。[28] 影響所及，單調的心智粗活終會
遭到取代，工程師和程式設計師必須學會新的能力：發揮
創造力而非僅靠專業；融會貫通而非照表操課；綜觀全局
而非埋首細節。

自動化也正在改變醫生的工作內容。許多醫療診斷說
穿了就是一連串的路徑選擇──乾咳或是有痰？T細胞數

量有無超過標準？——最後抵達結論。電腦在處理這種二元路徑樹狀圖上，速度與準確度都非人類所能望其項背，因此市面上出現了各種軟體和線上服務，讓病患只須在電腦上回答一連串問題，就可以不仰賴醫師完成初步自我診斷。美國的醫療服務消費者已開始利用這類軟體來「評估自己罹患重症的機率（如心臟病、冠狀動脈疾病，和某些常見癌症），或是作為染病後評估治療方式的參考，」《華爾街日報》（*Wall Street Journal*）在一篇報導中寫到。[29]在此同時，有關醫療保健的網路資料不斷暴增。平均每年全球有一億人上網搜尋醫療資訊，造訪超過兩萬三千個醫學網站。[30]隨著病患參與自我診斷，普通人亦享有與醫師相同的參考資料，醫生的角色也逐漸從萬能的解救者，轉型為醫療方案的諮詢顧問。當然，醫生實際的工作內容與挑戰，比軟體所能提供的要複雜許多，而我們也仍需有經驗的醫生來對付罕見疾病。但我將在後續章節中說明：新趨勢正在轉移醫療行為的重點——不再強調例行化、以分析和資訊為主的工作，而是以傾聽、解說，和全面照護為特色。

同樣的風潮也吹向法律行業。數十家低價顧問服務業者為律師行業帶來改變，「結案網站」（CompleteCase.com）就是一例。這家公司自稱「線上首選無爭議離婚（uncontested divorce）服務中心」，離婚辦到好只需兩百四

十九塊美金。在此同時，網路也打破了造就律師高薪與專業形象的資訊獨占現象，以往律師費用平均每小時一百八十美元，如今許多網站如「法律優勢」（Lawvantage.com）、「私家律師」（MyCounsel.com）都以十四·九五美金起跳的低廉服務費，提供基本法律表單和法律文件。《紐約時報》（*New York Times*）報導：許多客戶現在「不再花幾千美元找律師起草合約，」反而自己上網下載適當表單，然後「拿著現成的範本到律師那裡，只花幾百美金就能修改成想要的內容。」《紐約時報》說，此一變化使得律師產業「面臨深層變革…可能降低大眾對傳統律師服務的需求，迫使律師費降價。」[31] 而得以繼續生存的律師，將是那些有能力處理複雜案件，並能與線上資料庫做出區隔的律師——提供包括諮詢、協調、法庭論述等依賴右向思考能力的服務。

回顧本章重點：三股力量正在推升右向思考的地位。第一，經濟富裕讓數百萬人的物質需求獲得滿足、甚至過度滿足，導致美觀與情感成分重要性增加，促使人們急於尋找意義。第二，亞洲國家現在能以低廉成本，完成大量公式化的左向白領工作，已開發國家的知識工作者因而被迫學習無法外包海外的職業能力。第三，自動化潮流已開始像上個世代淘汰藍領階級一樣，衝擊這個世代的白領階

級，左向思考專業人士必須從自身找出電腦無法做得更好、更快、更便宜的能力，加以開發。

那麼接下來呢？當自動化與亞洲因素奪走部分佔左腦優勢的人的生計，社會富裕又重組消費需求之際，將會帶來何種變遷？我們將在下一章討論。

3

高感性‧高體會

試把過去一百五十年想像成一齣三幕劇:第一幕,工業時代,大型工廠和高效率生產線是經濟動力來源。這一幕的主角是工廠工人,其主要特徵是體力和堅持。

第二幕,資訊時代,美國和其他國家開始轉變。大量生產成為配角,資訊和知識主導了已開發國家經濟。這一幕的主角是知識工作者,其特徵為擅長左向思考。

而如今,隨著富裕、亞洲,和自動化三項因素影響擴張,第三幕的簾幕已經拉起,這個世代可稱做感性時代。當今主角是創作者和諮商員,主要特徵是精通右向思考。

　　圖三之一顯示這一連串演進，不過我加進了工業時代之前的農業時代。橫軸代表時間，縱軸代表富裕程度（Affluence）、科技演進（Technology），以及全球化（Globalization）的升高（我將這三項簡稱爲ATG）。隨著個人財富增加、科技進步、全球連結日漸緊密，這三股力量終將匯聚足夠的動能，把我們推送到下一個世代。這也是我們從農業時代演進到工業時代，再到達資訊時代的過程。而此一歷程最近的一次推演，就是從資訊到感性時代的變遷，其背後動力仍舊是財富（西方文明的富裕）、科技推演（部分白領職務的自動化），以及全球化（幾種類

圖三之一

從農業時代到理念時代

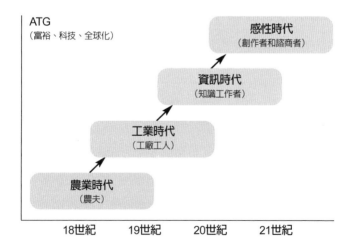

62

型的知識工作被移往亞洲）。

簡言之，我們先從農夫的社會，轉型到知識工作者的社會，現在又進化到一個創作者和諮商者、模式辨認者與意義賦與者的社會。

圖三之二描述的是同樣的社會演化，但以更適合右腦的圖畫方式表達。

圖三之二

如果圖畫勝過千言萬語，那麼比喻又勝過無數圖畫。我們是從建立在工人**肩膀**上的經濟模式，進化成以**左腦**為基礎的經濟模式，再演化到今天：一個越來越強調**右腦**能力的社會與經濟體。

當社經基礎來自工廠和大量生產，右向思考沒有太大意義。但當我們進化到知識工作形態，右向思考漸獲重視，不過地位仍遜於左向思考。如今隨著北美、西歐、日

本再度演進，右向思考逐漸在社會經濟上取得同等的地位
——甚至超越左腦。在二十一世紀，右向思考晉身首要能
力，成為事業進展與個人實現的關鍵。

但我要澄清一點，未來並非極端的二元世界，不是左
腦思考者都註定滅亡、右腦思考者都普天同慶，也並非藝
術家一定暴富開ＢＭＷ，電腦工程師全部淪為速食店服務
生。左向思考仍不可或缺，只是光靠它已不足夠。在感性
時代，我們需要的是「全」腦新思維。

高感性和高體會

想在現今世代生存，個人與組織都必須重新檢討自己
的生計，問自己三個問題：

一、海外勞工是否比我更便宜？

二、電腦是否比我更快？

三、我的工作在富裕時代是否還有需求？

如果第一和第二題你回答「是」，第三題你回答
「否」，那麼你麻煩大了。今天光是糊口，都須具備海外知
識工作者無法以低薪提供、電腦無法更快完成，和能滿足
富裕時代非物質需求的工作能力。

　　這就是爲何高科技已經不敷所需。我們必須在優秀的高科技能力之外，培養符合高感性和高體會的工作能力。（如我在緒論中所說，高感性是指：創造藝術性及精神性美感、辨認趨勢和機會、敘述精采故事，以及連結表面無關事物成爲新發明的能力。而高體會則是指體察他人感受、了解人際微妙互動、尋找自身和激發他人的生命喜悅，以及超越紅塵俗務，尋找生命意義的能力。）[1]

　　高感性和高體會在全球各地的影響力都不斷升高。爲了加強說服力，我們不妨從一般認爲最不可能受影響的地方看起。以醫學院來說，長期以來都是成績最好、分數最高、分析能力最強者匯聚的大本營。但如今美國的醫學院課程，卻正經歷二、三十年來的最大變革。哥倫比亞大學和其他學校的醫學院學生需要上所謂的「敘事醫學」（narrative medicine），因爲研究顯示雖然電腦也具診斷能力，但正確診斷很重要的一部分，卻是聆聽病患對病情的描述。在耶魯大學醫學院，學生必須到耶魯英國藝術中心培養觀察能力，因爲懂畫畫的學生通常也擅於辨認病情的微妙細節。在此同時，全美有超過五十所醫學院在課程內加入了性靈科目。加州大學洛杉磯分校醫學院安排了一套住院體驗課程，讓二年級學生模擬生病，在醫學裡過夜。爲何要讓學生演戲？「是爲了讓醫學院學生體會病人的感受，」校方表示。費城的傑佛遜醫學院甚至增設了一項醫

生評比指標——同理指數（empathy index）。

看過美國教學醫院現狀，再來觀摩世界第二大經濟體，日本的例子。日本從二次大戰廢墟中重新站起，靠的是大力鼓吹左向思考，但如今連日本人也開始重新檢討他們的國力根本。雖然日本學生數理成績領先全球，但許多日本人懷疑過度強調教科書的教育方式可能已經不合時宜。因此日本當局正在重新改造過去自豪的教育體系，以培養學生發揮創意、藝術品味，和趣味性。也難怪，因為最近幾年日本最賺錢的出口項目不是汽車，也非電子產品，而是流行文化。[3] 另一方面，有鑑於年輕學子面對巨大的課業壓力，日本文部省也鼓勵學生思考生命的意義和目標，推行所謂的「心靈教育」。

瞭解了日本教育改革，再來看看第三個例子——大型跨國企業通用汽車（General Motors）。幾年前，通用找了一位叫羅勃・魯茲（Robert Lutz）的人來擔任高層主管。魯茲不是那種跟著感覺走，滿口藝術品位的人。他滿頭白髮、滿臉風霜，年紀七十好幾，美國三大車廠的主管他都做過。他看起像個陸戰隊軍人，事實上也真的是陸戰隊出身。他喜歡抽雪茄，自己開飛機，更深信全球暖化是環保人士編的鬼話。可是當魯茲接下通用的職位，《紐約時報》請教他將採取何種新的經營方針時，他竟這麼回答：「我強調右腦…我認為我們屬於藝術產業。我們的產品是藝

術、娛樂、行動雕塑。只是湊巧也是交通工具罷了。」[4]

好好想想這句話。通用汽車代表的還不只是資訊時代，而是更古早的工業時代，這樣一家企業的主管，竟然自稱是藝術產業。而且這位帶領通用進軍右腦世界的人，不是頭戴扁帽手拿畫筆的藝術家，而是年逾七旬，渾身陽剛味的前任陸戰隊員。套句水牛春田合唱團（Buffalo Springfield）唱過的歌詞：「這裡變得不太一樣了」——而這改變將會越來越明顯：高感性和高體會已經從邊陲，進佔我們生活的重心了。

MBA與MFA

要進哈佛商學院太簡單了。至少對那每年好幾百名申請加大洛杉磯分校藝術研究所而被拒絕的人來說，進哈佛真的還比較容易一些。因為哈佛商管學院的錄取率是百分之十，而洛杉磯分校藝術研究所的錄取率只有百分之三。為什麼？因為在一個連通用汽車都聲稱自己是藝術產業的世界裡，藝術碩士學位，也就是MFA（Master of Fine Arts），已經成為最熱門的學歷證件。企業人事主管現在主動造訪知名藝術研究所——如羅德島設計學院、芝加哥藝術學院、密西根克倫布魯藝術學校（Cranbrook Academy of Art）——招攬人才，而這股用人潮流逐漸搶走了其他傳

統商學院畢業生的飯碗。舉個例子，麥肯錫（McKinsey）管理顧問公司一九九三年雇用的新進人員當中，百分之六十一擁有MBA（商管碩士學位），但不到十年後，這個比例已降為百分之四十三，因為麥肯錫認為其他學系畢業生在該公司也同樣表現傑出。隨著藝術系畢業生增加並進據大型企業高位，職場遊戲規則也改變了：MFA已取代MBA的搶手地位。

而背後原因，又回到我在前章提及的兩種力量。由於亞洲因素，許多商管畢業生成了本世紀的藍領階級——原本前途無量，卻發現自己的工作逐漸被移往海外。如前所述，投資銀行現在不斷增聘印度商管畢業生來處理財務分析。柯尼企管（A. T. Kearney）估計未來五年，美國的金融服務業將外移五十萬工作機會，到類似印度這些低薪國家。按照《經濟學人》（Economist）的說法，低階MBA工作「過去都被推給有衝勁無經驗的年輕新進人員，他們每天加班期待有朝一日在華爾街或倫敦嶄露頭角。如今拜神奇光纖電纜之賜，這些工作又被塞給了低薪的印度商管畢業生。」於此同時，受到富裕因素的影響，眾多企業發現唯一能在商品氾濫的市場上區隔自家產品的方法，就是訴諸顧客的美感和情感需求。因此高感性的藝術家特長，自然就比可以輕易複製的低階商管左向技能，來得更有價值了。

上個世紀中葉，曾任通用汽車主管的美國國防部長查理．威爾森（Charlie Wilson）曾說過一句名言：「凡是對通用好的，都對美國好。」如今進入新世紀，該是把威爾森名句稍加潤飾的時候了：通用的處境反映了美國的處境——而美國的**趨勢**又代表了世界性的**趨勢**，換句話說，今天我們全都屬於藝術產業。

在美國，平面設計從業人數在十年內成長十倍，美術人員是化學工程師人數的四倍。一九七〇年以來，全美以寫作爲業的人增加了三成，作曲家和演奏家則增加了五成。大約有兩百四十所美國大專院校成立了創意寫作MFA學位。相較之下，二十年前只有區區二十二所。[5] 今日從事藝術、娛樂，和設計工作的美國人，要比律師、會計師，和稽核人員還要多。[6]（從一家維吉尼亞州的新創公司，就可看出時代在**變**。當例行法律研究工作出走海外，法律工作者要如何自處？答案是加入法律動畫〔Animators at Law〕這類高感性公司的行列。這家平面設計公司召募法律系畢業生，專門替一流律師事務所準備例證、影片，和解說圖示等，協助他們說服陪審團。）

二〇〇二年，卡內基美隆大學（Carnegie Mellon University）都市計畫學者佛洛里德（Richard Florida）將三千八百萬名美國人列入他所謂的「創意階層」，並宣稱這些人是經濟成長關鍵。雖然佛洛里德對「創意」的定義廣

泛得有些詭異——他把會計師、保險理賠員、稅務律師都歸爲「創意人員」——但此一階層的擴張讓人無法忽視。它佔美國勞工人口的比例，和一九八〇年相較成長了一倍，更是一個世紀前的十倍。[7] 類似的高感性工作潮流也在世界其他地區顯現。英國分析師約翰‧霍金斯（John Howkins）以較合理的「創意」定義——包含設計、藝術表演、研發和遊樂器產業等——算出英國的創意產業年產值接近兩千億美元。霍金斯估計在十五年內，此一產業全球規模將達六‧一兆美元左右，讓高感性行業晉身全球最大經濟動力之一。[8] 在此同時，倫敦商學院和約克郡水公司（Yorkshire Water Company）等單位都設立了常駐藝術家等職位。英國聯合利華（Unilever）聘請畫家、詩人，和漫畫創作者來啓發員工創意。北倫敦一個足球球會甚至請了一位常駐詩人。

不過，傳統上所謂的藝術才華，並非全腦思維中唯一的能力，也不是最重要的能力。回頭看資訊時代的職場明星——電腦程式設計師。隨著公式化的軟體編寫工作外移，具備高感性的軟體工程師將變得分外搶手。海外的低階工程師接手程式寫作、維護、測試，和改版作業同時，感性時代的軟體人員將著重在創新和產品差異性。畢竟，在那些印度程式員有東西可以編寫、維護、測試，和改版之前，必須先要有發想和創作。這些產品也需要被推銷和

包裝給客戶、經歷市場競爭，凡此均非一紙規格單所能解決，而必須仰賴創意、個人魅力，和直覺。

IQ和EQ

未來若有博物館打算辦個二十世紀美國教育回顧展，可選擇的展品當然很多——包括厚重的教科書、斑駁的黑板、桌面可摺疊的射出成型塑膠桌椅等。但有樣東西特別值得考慮。我建議館方在展場中央，用晶瑩剔透的玻璃櫃，展示一隻削得尖尖的二號鉛筆。

如果二號鉛筆的全球供應鏈突然貨源短缺，美國的教育體系恐怕會在一夜間崩潰。從美國兒童能伸手握住這些小木棒開始，他們就開始參加無數號稱可以測出能力與潛力的測驗。幼稚園時期先測試智商，然後評量閱讀和數學能力——接著拿成績和全州、全國、全世界的小朋友比較。等到上中學，我們的孩子開始準備SAT，因為它是抵達高薪工作和美好未來之前，必須跨越的艱困沙漠。如前所述，SAT制度有其優點，但美國過度強調測驗的社會體系也有幾項盲點，直到最近才受到正視。

例如曾以《EQ》（*Emotional Intelligence*）一書扭轉世人觀念的丹尼爾‧高曼（Daniel Goleman），就搜集過各種針對IQ與事業成就關聯性的學術研究，猜猜看這些研究的

結論是什麼？拿出你的二號鉛筆，挑個答案吧。

根據最新研究，IQ影響事業成就的比例有多高？

　　a. 百分之五十一—六十

　　b. 百分之三十五—四十五

　　c. 百分之二十三—二十九

　　d. 百分之十五—二十

　　答案是：百分之四到百分之十之間。（自限於題目所給的答案，正是左向思考症狀之一。）高曼認為，IQ確實影響到一個人的職業選擇。例如我的智商，就不可能當個天體物理學家。不過一旦進入某個行業，左向思考就幾乎無關緊要，反而是那些不易量化的高感性、高體會能力比較重要——如想像力、樂觀，以及社交能力。舉個例，高曼和海伊集團（Hay Group）人資顧問公司所做的研究顯示，在企業組織當中，成功的領導人往往都很風趣。這些主管每天可以讓下屬多發笑三次。[9]（本書第八章將告訴你幽默與右腦有很大關聯。）問題是你看過衡量喜劇才能的標準化測驗嗎？

　　事實上，真的有。位於康乃狄克州新港（New Haven）的耶魯大學一名心理學教授，目前正在開發一套另類SAT。羅勃‧史丹柏格教授（Robert Sternberg）把這套測

驗取名爲彩虹計畫（Rainbow Project）——光聽名字就比我們學生時代那些可怕的考試有趣多了。在史丹柏格的測驗中，學生會拿到五張沒有文字的《紐約客》（*New Yorker*）漫畫，而他們必須動腦筋爲漫畫加上趣味說明。題目還包含一道範例標題（如：「章魚的球鞋」），學生必須以此爲唯一線索，寫出一段故事。另外，測試也假設現實生活情境——例如參加派對卻發現一個人也不認識，或想說服朋友幫忙搬家具——詢問學生如何應付。彩虹計畫仍在實驗階段，但它已經能比SAT還要準確兩倍地預測學生在學表現。不但如此，白人學生與少數族裔的SAT分數差距，在彩虹計畫中也顯著的拉近了。

史丹柏格的測驗並無意取代SAT，而是做爲補充（事實上彩虹計畫的發起者之一就是贊助SAT的大學委員會〔College Board〕。）然而這個計畫的存在本身就別具意義。「如果你SAT沒考好」，史丹柏格表示：「在現今社會裡就註定了處處碰壁。」但有越來越多教育界人士體認到，這些障壁埋沒了許多SAT無法評量的能力和人才。[10]

高體會能力尤其易受忽略——亦即關懷、照護、鼓舞他人的能力。這些特長在感性時代許多職業中至爲關鍵。所謂的「關懷職種」——包括諮商、看護、第一線醫療服務——目前正需才孔急。例證之一：先進國家外移電腦程式寫作職缺的同時，卻不斷引進菲律賓等亞洲國家的護理

人員。由於人才短缺，護理工作薪資攀升、有照男護士人數自一九八○中期以來更增加了一倍。[11] 在第七章我們還會進一步討論這個趨勢。

金錢與意義

就在工作轉變為高感性和高體會的同時，感性時代帶來的最大改變，卻是發生在職場以外——在我們的內心和靈魂裡。譬如對人生意義和性靈層面的追求，就幾乎已經像雙份大杯拿鐵一樣普遍。在美國有一千萬成年人固定練習冥想，人數是十年前的兩倍。另外有一千五百萬人做瑜珈，是一九九九年的兩倍。美國電視現在充斥性靈相關節目，連《電視指南》（*TV Guide*）雜誌也宣告「心靈電視」現象興起。[12]

美國嬰兒潮世代老化——以及日本、歐盟更為明顯的人口老化——也加速了此一變化。「隨著年齡增長，」心理學家大衛・伍爾夫（David Wolfe）寫道：「人的認知模式也變得較不抽象（左腦傾向），更為具體（右腦傾向），因而對現實感受更敏銳，情感更豐富，更重視天人合一」（括號內為原文照抄）。[13] 換句話說，當人年老，看待生命的重點就轉為生命目的、內在圓融，以及人生意義等年輕時汲汲營營而忽略的東西。

　　事實上已經有兩位學者表示，這些關懷人群、努力尋找意義的嬰兒潮世代已經成群浮現了。保羅‧雷伊（Paul Ray）和雪莉‧魯斯（Sherry Ruth）在二〇〇〇年一份研究報告中將五千萬美國人歸類為所謂「文化開創份子」（Cultural Creatives）。報告中說，這些文化開創份子佔了全美成人四分之一，大約相當於全法國人口。此一族群有很多特徵都與右向價值相符。例如「文化開創份子強調綜觀全局，」報告寫道：「他們擅長綜合線索，」而且這些人「認同女性看待事物的方式，包括：關心他人的感受與想法；用對方的角度看事情；相信個人經驗和聆聽他人傾訴也是重要的學習方式；正視關懷的價值。」[14]

　　邁進感性時代的嬰兒潮世代很清楚自己的年紀。他們知道自己活過的日子，已經超過能活的日子，簡單的算術事實，自然有沉澱人心的作用。追求名利數十載，財富的吸引力日漸消退。對他們以及許多同時代的人來說，人生意義已經取代了金錢。

　　這一切對我們來說又意味著什麼？我們要如何因應感性時代？就某個層面來說，答案其實很簡單。在一個受到富裕、亞洲，和自動化因素掌控的世界裡，左向思考仍屬必要但已不足夠，因此我們必須熟習右向思考，學會高感性和高體會技能。我們必須選擇海外代工無法以低薪完

成，電腦無法快速執行，而且可以滿足優渥階層美感、情感，和心靈需求的工作。不過從另一個層面看，這樣的答案並未解決問題。到底，我們該做那些事情來因應？

過去幾年我潛心研究這個問題，並把結果整理為六個明確的高感性高體會能力，有待我們學習掌握。我把這些能力統稱為「高感性的六種力量」，包括了設計、故事、整合、同理心、玩樂，和意義。而本書的第二部分，就是要幫助讀者了解並掌握這六種力量。

第二部

高感性的六種力量

簡述高感性的六種力量

在感性時代，我們必須在左向推理之外，補強六種關鍵右向能力。這六項高感性和高體會能力可以協助我們開發新時代的全腦新思維。

一、**不只有功能，還重設計**。光是提供堪用的產品、服務、體驗或生活型態，已經不夠了。如今無論為賺錢或為成就感，都必須創作出好看、獨特，或令人感動的東西。

二、**不只有論點，還說故事**。現代人面對過量資訊，

一昧據理力爭是不夠的。總有人會找到相反例證來反駁你的說法。想要說服別人、灌輸資訊,甚至說服自己都必須具備編織故事的能力。

三、不只談專業,還須整合。工業時代和資訊時代需要專業和專才,但隨著白領工作或被外包出去,或被軟體取代,與專業相反的才能也開始受到重視:也就是化零為整的整合能力。今日社會最需要的不是分析而是綜合——綜觀大趨勢、跨越藩籬、結合獨立元素成為全新好產品的能力。

四、不只講邏輯,還給關懷。邏輯思考是人類專屬能力之一。不過在一個資訊爆炸、分析工具日新月異的世界裡,光靠邏輯是不行的。想在未來繼續生存,必須了解他人的喜好需求、建立關係,並展現同理心。

五、不只能正經,還會玩樂。太多證據顯示多笑、保持愉悅心情、玩遊戲和幽默感,對健康與工作都有極大好處。當然該嚴肅的時候要嚴肅,不過太過正經對事業不見得有益,對健康更有害。在感性時代,無論工作還是居家,都需要玩樂。

六、不只顧賺錢，還重意義。我們生活在一個物質極
　　充裕的世界。無數人因此掙脫了營生桎梏，得以
　　追求更深層的渴望：生命目的、出世意義，以及
　　性靈滿足。

　　設計。故事。整合。同理心。玩樂。意義。這高感性
的六種力量將逐漸進駐我們的生活，扭轉我們的世界。毫
無疑問很多人會樂見此一轉變，但另一部分人可能視之爲
洪水猛獸，幻想一群身穿韻律裝，裝模作樣的傢伙即將大
舉入侵，把缺乏美感、少了情感的人打入次等公民。其實
根本不必恐慌，因爲日漸重要的高感性、高體會能力原本
就是人類本能。畢竟當初在熱帶大草原上，我們的穴居祖
先們都沒考過SAT，也沒學過試算表。他們每天就是說故
事、相互關懷，在日常中展現創意。這些能力本來就是人
類特徵的一部分，只是歷經橫跨數代的資訊時代，這些能
力漸漸隱遁，而如今的挑戰就是要把它們喚醒。（接下來
每章後頭的「練習簿」部分，包含了練習工具、練習活
動，以及能協助你養成全腦新思維的延伸閱讀書單。）任
何人都可以學會感性時代六大力量，但是先掌握它們的
人，佔有絕佳優勢。現在，就讓我們開始吧。

4

不只有功能，還重設計

生前長期擔任Hallmark Cards創意主管的高登・麥肯席（Gordon MacKenzie），曾說過一個讓後進設計師長久傳頌的故事。麥肯席熱心公益，經常到學校去演說，談設計這個行業。每次演說開頭，他都會告訴學生他是個藝術家，然後環顧教室，看看牆上掛的畫作，再詢問是誰創作了這些傑作。

「在場有那些人是藝術家？」麥肯席會問：「可以請你們舉起手嗎？」

得到的回應總是遵循一定模式：幼稚園和一年級的小朋友全部都會舉手。二年級的話，四分之三小朋友會舉

手，不過帶些遲疑。若是三年級，那就只剩下少數人舉手。等到六年級，一個也不敢舉手，小朋友只會互相看來看去，看看有誰敢承認自己是異類。

設計師和其他創意工作者覆述麥肯席的故事——往往一邊喝著酒，用著哀傷的語調——來說明世人有多麼不重視他們的工作。而當麥肯席自己在演講中說這個故事時，聽者多半輕輕搖頭，低嘆：怎麼會這樣，真是糟糕。然而他們的反應，頂多只是惋惜罷了。

但事實上，他們應該感到憤怒。他們應該馬上跑到學校要求解釋。他們應該安慰孩子，指責校長，撤換學校董事會。因為麥肯席的故事並不是藝術教育經費不足的悲情史。

它是一個警世徵兆。

國家繁榮和個人幸福，如今都要仰賴設計師的存在。在一個物質滿足，但工作機會卻因為自動化與企業外包逐漸消失的社會中，所有人無論職業類別，都要培養藝術敏銳度。即使不可能搖身而成達利（Dali）、竇加（Degas），但每個人都必須成為設計師。

要貶低設計很容易——說它只是裝飾罷了、只是把事物外表弄得漂亮來掩飾底下的平凡。但這其實是對設計本質與其意義的嚴重誤解，在今天尤其如此。對此領域著墨甚深的海斯凱特（John Heskett）詮釋的很好：「回歸其精

髓，設計就是人類改造環境，使其呈現不同於自然風貌，以符合人類需求、賦予生命意義之活動。」[1]

抬起頭來，看看四周，每一樣事物都是經過設計的。從文字的字型，到書本外觀，到你穿的衣服，還有你身旁家具、你身處的建築物，這一切都是先有人發想出來，再把它創造、製造出來的。

設計是典型的全腦綜合能力。借用海斯凱特的話來說，就是**實用**與**意涵**的結合。平面設計人員必須編排出容易閱讀的手冊，這是實用性；但為有效傳達訊息，手冊還必須包含文字無法傳達的概念與情感，這就是意涵。家具設計師必須打造能夠平穩站立不傾倒的桌子（實用），但同時桌子也要美觀，散發功能以外的吸引力（意涵）。實用性偏於左向思考，意涵則偏於右向思考。而就如同左／右向思考的發展一樣，實用性在今天也幾乎俯拾皆是、價廉物美——因而相對提升了意涵的價值。

> 「我認為設計師是未來的煉金術士。」
> ──科夏雷克（Richard Koshalek），
> 藝術中心設計學院
> （Art Center College of Design）校長

設計——多了意涵的實用性——已成為自我實現與事業成就的關鍵能力，而背後原因至少有三。第一，拜經濟富庶與科技演進之賜，好的設計比過去更容易取得，讓更多人得以體驗其樂趣，成為以往僅限於少數人的鑑賞家。

第二，在富裕時代，設計成為企業存續的關鍵要素，以進行產品區隔和開拓新市場。第三，隨著人們越來越有設計概念，設計的終極工作目標——改變世界——也終於得以啟動。

我在某個二月早晨，目睹這三項因素同時顯現，地點就在費城市中心、距離獨立紀念館半個街區，一個麥肯席在天之靈一定很高興看到的地方。

早上十點，麥可‧藍古德（Mike Reingold）設計工作室裡飄盪著悅耳的音樂，一位學生坐在桌上一隻椅子上，擺出姿勢，供她十九個埋首大型素描簿的同學們素描臨摹。這幅景象彷彿出自貴族藝術學校，差別只在這些青少年都是高中一年級生，而且多數來自費城貧困地區。

歡迎來到建築與設計特許中學（Charter High School for Architecture and Design），又稱查德學校（CHAD）。這是一家免費的費城公立學校，它證明了設計可以拓展學生心智，同時更打破設計是少數人所專屬的迷思。

這些學生在國三畢業來到查德學校之前，大多連一堂美術課也沒上過，其中三分之一的文理能力只有小三水準。但現在，如果從他們學長的表現來預測，他們未來有八成會進入兩年制和四年制大學——部分甚至可能到普拉特藝術學院（Pratt Institute）或羅德島設計學校就讀。

　　查德學校是全美首座以設計課程為主的公立中學。它設立於一九九九年，建校宗旨不只是培育新一代設計師，或改善白人近乎獨佔設計領域的現象。（查德的學生四分之三是非裔美國人；百分之八十八是少數族群。）查德的教學目標還包括透過設計，來引導核心學科教育。學生們每天在工作室裡上課一百分鐘，學習建築、工業設計、色彩理論，以及繪畫。但校方還特意將設計結合到數學、科學、語文、社會等學科教學中。例如當老師教到羅馬帝國時，學生不只研讀羅馬城水利設施的課文，還動手製作水道模型。「他們在學習如何綜合不同資源得出解決方案，這正是設計師的工作，」曾經監督查德學校課程與教學的前建築師克萊兒・蓋勒罕（Clair Ghallagher）說：「設計是跨學科的工作，我們在教育學生如何全面思考。」

　　高二的尚恩（Sean Canty），是在這種全腦思維環境中快速成長的學生之一。他很聰明，身材瘦削，雖然一派設計老鳥的氣質，個頭仍明顯是個十六歲少年。下課後和我聊天時，他說以前就讀放牛中學時，「我總是那個在上課時畫畫的小孩，總是美術成績最好，也總被視為怪胎，因為每個班上會畫畫的人都被認定是怪小孩。」進入查德後，他找到屬於自己的環境，獲取了同齡小孩少有的經歷。他每週在當地建築事務所實習兩天。他還去過紐約，在查德安排的建築師前輩指導下嘗試設計海報。他做了

「兩個酷炫高塔」的模型，期待有朝一日目睹它們實際落成。不過尚恩說他在查德學到最寶貴的東西不是設計技能，而是「與他人合作共事，以及從別人身上學習的能力。」

> 「好的設計是一種文藝復興概念，結合了科技、認知科學、人類需求，和美感，創造出世人原本不知道自己缺乏的作品。」
>
> ——安東奈里（Paola Antonelli），
> 當代藝術博物館（Museum of Modern Art）
> 建築設計館長

事實上，光是在學校大廳裡走一遭就讓人眼界大開。學生們的作品在玄關展示，走廊上擺設了古柏休依博物館（Cooper-Hewitt Museum）捐贈的家具。整個校園到處可見拉西德、凱特‧史佩德（Kate Spade）、法蘭克‧蓋瑞（Frank Gehry）等設計師的作品，其中部分陳列在學生們拿置物櫃改造的展示架上。所有學生都穿藍襯衫和棕色長褲，還打領帶。「他們看起來就像年輕的建築師、設計師，」學校發展部主任芭芭拉艾倫（Barbara Chandler Allen）告訴我。對於一個很多學生符合免費午餐貧戶標準的學校來說，這絕對是項可觀的成就。

對許多查德學生來說，學校像是困頓現實裡的避風港，環境整潔安全，大人真心關懷、對他們有著高度期許。一般費城公立中學的學生出席率六成三，查德卻高達九成五。此外，查德也比其他中學少了一些東西：這裡是

全費城唯一沒有金屬探測器的中學。取而代之的是師生訪客走進桑聖街大門時，迎面而來的是一幅美國極簡主義藝術家索爾‧路易特（Sol Lewitt）的彩色壁畫。

查德學生昆西‧艾利思（Quincy Ellis）

查德是先驅，但並非唯一的特例。邁阿密有公立的設計建築高中（Design and Architecture Senior High），紐約市有藝術設計中學（High School of Art and Design），華府有一所畫室學校（Studio School）特許公立小學，那裡的老師都是專職藝術家。而除了小學和中學，設計高等教育更是蓬勃發展。在美國，如我們在第三章所見，MFA正逐步取代MBA的地位。在英國，設計系學生人數在一九九五到二〇〇二年間成長了百分之三十五。在亞洲，三十五年前

89

日本、南韓、新加坡三地的設計學校加起來…沒有半間，如今，這三個國家的設計學校總共超過二十三所。[2]

在這些學校裡，就像在查德一樣，仍有許多學生最終並未成為專業設計師。查德的副校長艾瓦雷茲（Christina Alvarez）認為，這樣也很好啊：「我們試圖讓學生了解設計是什麼，以及它會如何影響生活，」她告訴我：「我把設計課程視為現代版的人文教育，傳授給這些孩子們。」無論學生選擇哪一條路，他們在這所學校的經歷都會提升他們解決問題、人際溝通，以及感受環境的能力——而這些都是感性時代的重要技能。

設計民主化

法蘭克・諾佛（Frank Nuovo）是全世界知名工業設計師之一。如果你是諾基亞（Nokia）手機用戶，很可能你手上這支就是諾佛參與設計的。不過在在他年輕的時候，諾佛卻沒辦法向家人解釋自己的工作。「當我告訴父親我想要當設計師，他問我：『什麼意思？』」諾佛在訪談中告訴我。我們「必須降低（對設計）的不安感，」他說：「設計說白了就是創造解決方案的活動。每個人每天都在設計。」

從圍著腰布的原始人以石塊敲打燧岩製作箭頭開始，

人類就開始了設計行為。甚至當我們的老祖先還在大草原上晃蕩時，人類對新奇與美觀的事物就已有了憧憬。然而回顧歷史，設計（尤其是專業的設計）往往只是上層階級的專利，因為只有他們才負擔得起，才有時間賞玩，其他人或許偶爾附庸風雅，但大多數時候，我們只能謹守實用的分寸。

然而再過去幾十年裡，情況有所轉變。設計開始民主化了。如果不相信的話，做個小測驗：在下面我列出了三種字型，請你找出左邊字型的正確名稱。

1. A Whole New Mind   a. Times New Roman

2. A Whole New Mind   b. Arial

3. A Whole New Mind   c. Courier New

根據我撰寫此書期間多次實驗判斷，大部分人應該都能很快找到正確答案＊。然而我若是在二十五年前（概略的說）做這個測驗，多數人恐怕都丈二金剛。因為在過去，字型是排字工人和美工設計的專業知識，一般人如你我根本不太了解。但今日我們的生活與工作環境丕變，只要能讀能寫，能用電腦的歐美人士，大概都懂字型是什

＊正確答案：1-b，2-c，3-a。

麼。「如果你住在熱帶雨林，自然能分辨各種植物，」專欄作家帕斯特洛（Virginia Postrel）說：「而我們，則是學會分辨各種字型。」[3]

當然，字型只是設計民主化現象之一。號稱讓大眾也能享受一流設計，擁有三十一家工作室的「平價設計」（Design Within Reach），是近十年最成功的零售業者之一。在「平價設計」的店面和目錄裡，展示著過去只有富人買得起的美麗椅子、檯燈、書桌，如今許多民眾都可負擔得起。第二章裡我們全家去逛的標靶百貨，在設計的民主化上又做得更徹底，甚至完全打破高級時尚與平民商品的界線，例如米茲拉西系列服飾就是一例。標靶百貨在《紐約時報》刊登的廣告，一邊叫賣三塊四毛九的菲力普・史塔克防溢漏嬰兒杯，一邊推銷五千美金的康柯（Concord）拉絲卡拉（LaScala）名錶，和單價三萬美金的哈瑞溫斯頓（Harry Winston）鑽石戒指。同樣的，設計那隻標靶百貨藍色馬桶刷的葛雷夫斯，現在也開始出售建材組合，讓消費者自己搭建有品味的露台、小屋，或門廊。設計過圖書館、博物館，和百萬美金豪宅的葛雷夫斯，對平民百姓來說價碼太高，請不起。但只要花一萬美金，就有機會把「葛雷夫斯陽台」搬回家，在自家後院享受名建築師打造

的悠閒逸趣。

設計的主流化，不只發生在商業領域。新力雇用了四百名設計師，這不奇怪，但你大概不知道，末日聖徒耶穌教會（Church of Jesus Christ of Latter-day Saints，即摩門教）內部也編列了六十名設計人員。[4] 而就在上帝徵召藝術家幫忙的聯邦同時，山姆大叔也開始打扮自己。監管美國政府大樓營造的總務署（The General Services Administration）發起一項「卓越設計」計畫，準備將呆板的聯邦政府設施，改造為愉悅的工作環境和優美地標。甚至外交官員也感受到新時代的新趨勢。美國國務院在二○○四年宣告放棄沿用多年的公文字型──Courier New 12──而改用另一標準字型：Times New Roman 14。宣告這項改變的內部通告上解釋後者「佔據的頁面空間幾乎和Courier New 12一樣，但更簡潔清爽，更具現代感。」[5] 但比變革本身更值得注意、且在二、三十年前無法想像的是，國務院裡上上下下都知道這份通告是在說些什麼。

做設計＝做生意

設計的民主化已經改變了企業的競爭法則。傳統上，商家們彼此在價格和品質上競爭。但今天，基本的品質和合理的價格只是入場券，讓廠商有機會加入競爭，而一旦

符合這些要求，勝敗關鍵就不再是功能或經濟因素，而是難以具象的獨特性、美感，和意涵等特質。這並不是創見，我上一章提過的湯姆‧彼得斯，就在多數企業人士聽說查爾斯‧伊姆斯（Charles Eames）名號以前，率先倡言過設計的商業價值。

> 「企業人士不需要了解設計師，而是要自己成為設計師。」
>
> ——羅傑‧馬丁（Roger Martin），
> 羅特曼管理學院（Rotman Management School）院長

（「設計，」他告訴企業界：「是喜歡還是討厭的主要關鍵。」）但就像國務院那封通告一樣，企業擁抱設計的現象，還不如其早已普遍受到接納的事實，來得讓人印象深刻。

就以兩個來自不同國家、不同領域的人爲例。保羅‧湯普森（Paul Thompson）是紐約市古柏休伊博物館館長。大賀典雄是高科技產品巨擘，新力前任總裁。

湯普森說：「製造業者已經體認我們不能在價位和勞力成本上，與遠東地區的工廠競爭。那麼要靠什麼競爭呢？勢必要靠設計。」[6]

大賀典雄則認爲：「新力的高層假設所有競爭產品都有相同的技術、價位、效能，以及特色。換句話說，設計是唯一能在市場上區隔產品的東西。」[7]

湯普森和大賀典雄的說法也逐漸能夠從企業損益表和

股價上，獲得印證。根據倫敦商學院的一項研究，企業投資在產品設計上的營收比例每提高百分之一，業績和獲利就平均增加百分之三到四。[8] 另外，其他的研究報告也顯示，強調產品設計的公司，其股價往往比不重視設計的同業高出一截。

汽車就是個好例子。如第二章所說，目前全美汽車數量已超過駕駛人數——換句話說，多數想開車的美國人，都已經擁有車子。普遍化使得價格下跌、品質提升，而設計也就成了消費決策關鍵。這一點美國汽車製造廠逐漸能夠體會。「早從六○年代開始，有很長一段時間，行銷主管關心的都是技術工程，忙著蒐集資料、計算數據，而忽略了大腦另一邊——右腦的重要性，」通用一名設計主管，艾瑟尼歐（Anne Asenio）說。而此一偏差也差點毀了底特律汽車工業。還好有鮑伯・魯茲這樣的獨行俠（第三章曾提過）來告訴企業界：實用之外，還需要意涵。魯茲喊出通用屬於藝術產業的名言，讓設計師取得和工程師同等地位。「只有區隔化才能生存，」艾瑟尼歐說：「我想設計師就是有種第六感，多了一隻天線，使他們在這方面超越其他人。」[10]

其他企業也改弦易轍，朝此一方向前進。BMW的克里斯・班格（Chris Bangle）說：「我們不做『汽車』，」反之，BMW做的是「展現車主對品質要求的移動藝術

品。」[11] 福特汽車的副總裁認爲：「過去，強大的八汽門引擎是賣點。現在，和諧與均衡才是賣點。」[12] 車廠競相強調自家設計爲產品做區隔，連媒體都注意到「原本陽剛的底特律文化，現在不講馬力，改搞氣氛，」《新聞週刊》寫道：「底特律汽車展…幾乎可以改名爲底特律汽車內裝展。」[13]

> 「正確掌握設計，就能美化生活、創造工作、使人愉悅——不是很好嗎？」
> ——保羅·史密斯（Paul Smith），
> 時尚設計師

美國家庭的廚房，更是設計當道的最佳例證。當然，高檔廚房光可鑑人的鏡面冰箱、應有盡有的系統爐具就不消說了，但更普遍的證據，其實是那些充斥歐美家庭廚櫃、流理台的低價小東西。以最近流行的「可愛家飾」（cutensil）來說，就是將個性化概念融合到廚房用具。拉開歐美家庭裡的抽屜，很快就可以找到看起來像貓在笑的開瓶器、有表情的義大利麵匙，或是圓眼細腿的蔬菜清潔刷。再不然，去看看電器行裡的烤麵包機，在美國的賣場裡現在已經很難找到中規中矩的機種，放眼望去都是加了各種花樣的機型，外形摩登、酷炫…讓你想起各種以往不可能和小家電放在一起的形容詞。

有些學者可能會認爲這是行銷高手的伎倆得逞，或視爲富裕西方人過度耽溺於商品風格的證據。但這種觀點其

實是對經濟現狀與人類需求的錯誤解讀。就拿烤麵包機來說，一般家庭使用它的時間一天最多十五分鐘，其餘一千四百二十五分鐘，它只是擺著當裝飾品。也就是說，一台烤麵包機發揮實用的時間只有百分之一，剩下百分之九十九的時間，它都在傳達意涵，那為什麼它「不該」好看？尤其是這台好看的烤麵包機還不用四十塊美金？羅夫・愛默森（Ralph Waldo Emerson）曾說：如果你做出更棒的捕鼠器，全世界的人都會找上門來。但在一個富裕時代，除非你的捕鼠器也討好右腦，否則沒人會來敲門。

設計地位提升，也肇因於商業活動步調加快。今日商品能在一轉眼間完成從左向實用到右向意涵的生命循環。以行動電話為例，僅僅十年間，它就從少數人的奢侈品變成多數人的日用品，再普及化為表現個性的裝飾品。按照日本個人電子商品業界人士飯塚敏郎（Toshiro Iizuka）的說法，手機已從「理性配備」（強調速度和性能）演化為「感性配備」（重視「獨特性、個人化，和新鮮感」）。[14] 消費者現在花在（無功能）手機面板上的錢，幾乎快追上手機本身的花費。去年光是手機鈴聲消費額即高達四十億美金。[15]

的確，設計最驚人的經濟效應，就在這種創造新市場的能力——無論是手機鈴聲、可愛家飾、光伏太陽能電池，還是醫療器具。富裕、亞洲、自動化帶來的影響，加

快了商品服務的汰換週期,唯一生存之道,是開發新的特色、創造新的產品類別,同時(套用安東奈里那句名言)提供世人原本不知道自己缺乏的東西。

設計未來

設計不只能為我們的廚房帶來好用又好看的餐具,好的設計還可以改變世界。(當然反過來說,不好的設計也可以。)

就以醫療保健為例。多數醫院診所都

> 「好用的東西最美,這句話是錯的,事實是:好看的東西最好用,因為美可以改變人的生活和思想。」
>
> ——安娜·費雷利(Anna Castelli Ferrieri),家具設計師

稱不上是高雅品味的代名詞。雖然醫生與院方不見得沒意願改善,但他們通常把這些視為次要,認為診斷處方、開刀救人才是首要之務。不過有越來越多證據顯示,改善醫療環境設計可以使病人好得更快。舉例來說,匹茲堡蒙特菲爾醫院(Montefiore Hospital)做的一項研究顯示:和傳統病房相比,住在採光良好病房裡的術後病患,需要的止痛藥劑量較少,用藥成本也比較低。[16] 此外,還有一項研究是比較病情類似的兩組病患,其中一組待在陳設單調的傳統病房,另一組住在陽光充足、環境美觀的現代化病

房。結果住在設計良好病房裡的病患，不但止痛藥吃得少，出院時間平均也比另一組早上兩天。不少醫院現在全面重新設計，引入更多自然光，候診室更重視病患隱私和舒適；另外還增添許多設計元素，像是供人散步沈思的庭園花圃，因為醫界現在了解到，這些都有助於加速復原。

類似的效益，也潛藏在兩種過去只重視功能而忽略美觀的場所中──公立學校和國宅。喬治城大學（Georgetown University）研究發現，即使學生、老師、教學方式不變，只要改善學校的外在環境，就可以提昇學生測驗成績達百分之十一。[17] 另一方面，因為外觀醜陋而長久為人詬病的國宅建築，似乎也有了初步轉變的跡象。例如建築師路易斯・布雷佛曼（Louise Braverman）設計的紐約市喬夏廣場（Chelsea Court），雖然營建預算有限，卻擁有色彩亮麗的樓梯間，寬敞的居住環境，和放置了菲利普・史塔克傢俱的樓頂空間──提供給低收入和曾是街友的住戶使用。

設計也能帶來環保效益。「綠色設計」（green design）運動正逐漸將環保考量，融入消費產品的設計中。此一概念不只利用再生資源製造商品，還要考量產品壽命終了時的垃圾處理問題。除了設計師，建築師也跟上了環保潮流──部分原因是外界開始理解到，全美建築物所產生的污染等於是汽車與工廠的總和。目前已有超過一千一百棟大

樓向美國綠色建築協會（U.S. Green Building Council）申請
環保認證。[18]

紐約市喬夏廣場的樓頂陽台

　　如果至此你仍不認同設計的重要功效，那麼就請回想
一下二〇〇〇年的美國總統大選，那三十六天為了高爾
（Al Gore）贏還是布希贏，弄得滿城風雨的佛州計票風
波。現在回首，那場選舉或許只剩下遙遠的不堪回憶。但
在混亂當中，它其實隱含了一個重要卻不易察覺的教訓。
民主黨人聲稱美國最高法院阻止重新計票，等於把總統寶
座送給了布希，共和黨人則反批對手要選務人員計算選票

殘留碎屑——就是那些長方型小紙片——是幻想藉此翻盤。但事實是雙方都錯了。

根據幾家報社和學者一年後仔細檢視所有佛州選票後得到的結論——該報告幾乎完全被二○○一年九一一攻擊的相關新聞所淹沒，二○○四年布希連任後更無人聞問——真正左右二○○○年美國總統大選結果的是這個：

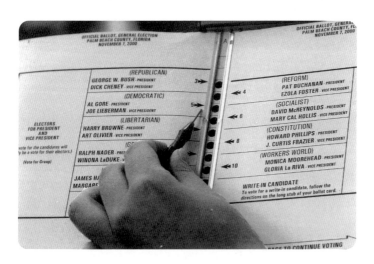

這就是惡名昭彰的蝴蝶選票，當年使用在棕櫚灘郡（Palm Beach County）的總統選舉上。在擁有數萬高齡猶太選民，幾乎是民主黨鐵票區的棕櫚灘，開票結果極右派激進候選人派特‧布坎南（Pat Buchanan）竟拿到三千四百零七票，是他在佛州其他各郡得票的三倍。（根據一份統計，若按照其他六十六個郡的選民投票模式推算，布坎南

在棕櫚灘的得票應該只有六百零三票。）[19] 不只如此，棕櫚灘還有五千兩百三十七個選民在選票上**重複**註明投給高爾和布坎南，因而成為廢票。而布希在佛州僅領先五百三十七票。

是什麼因素導致布坎南的突出表現，和數千張廢票產生？

不良的設計。

超黨派調查發現左右棕櫚灘選舉結果——以及自由世界領導者人——的關鍵要素，並非邪惡的最高法院，或藕斷絲連的選票碎屑，而是差勁的設計。一位主持這項調查的教授表示，標示混淆的蝴蝶選票讓選民投錯人，也讓高爾白白丟掉總統大位：「選票標示設計，以及投票機給選民造成的困惑，似乎改變了美國歷史。」[20] 如果棕櫚灘當年聘請藝術家參與選票設計，美國歷史或許就會因而改觀。*

當然，有識之士或許對蝴蝶選票帶來的結果到底對美國是好是壞，有不同看法。而我也要在此澄清，雖然十年前身為高爾陣營一員，目前也仍是民主黨註冊黨員，但此

---

*比較不為人所知的，還有杜佛郡（Duval County）的選票。該郡將五名候選人列在一頁上，另五名候選人列在另一頁，並註明「每一頁」都要勾選。結果當地有七千一百六十二張投給高爾的選票，因為重複勾選而成廢票。如果選票說明能更清楚，杜佛郡的票數也足以讓高爾超越布希。

處所言絕非基於政黨立場。不良的設計也可能讓民主黨反過來贏了共和黨——事實上未來就可能發生。但無論傾向那一黨，所有人都應將蝴蝶選票視為相當於史潑尼克（Sputnik）蘇俄人造衛星發射的劃時代大事件。它震驚世人，改變世界，揭露了美國在如今極具關鍵性的設計能力上，是如何迫切須要急起直追。

設計，是難以外包或自動化的高感性能力，對企業來說，更逐漸代表了競爭力。隨著講求設計的商品平民化，一般人的生活也因而增添了樂趣、意義，和美感。但最重要的是，培養出對設計的品味，可以讓地球變得更美好。「設計師就是改變的媒介，」查德學校的芭芭拉艾倫說：「想想看，等到這群查德學生進入社會施展所學，世界將變得多麼美妙。」

練　習　簿

設計
故事
整合
同理心
玩樂
意義

設計筆記本

　　去買個小筆記本，隨身帶著。只要看到好的設計，就隨手記下來。不好的設計，也記它一筆。（例如我車上的警示燈開關。因爲太靠近排檔桿，每次打入停車檔時都會被我不小心碰開。）不用多久，你就能以更敏銳的眼光審視週遭圖案、裝潢、環境，並深入體會設計對日常生活的影響。別忘記體驗也是一種設計，像是買杯咖啡、搭飛機，或跑急診室的過程，都可以記下你的感受。如果不喜歡做筆記，也可以換個方式，帶著小型數位相機或照相手機，拍下心中好和不好的設計。

發洩你的不滿

一、挑出一個你不滿意的家用品。

二、自己一個人去咖啡店，拿著紙筆，別帶書或報紙，在
　　一杯咖啡的時間內，思考如何改善這件設計不良的產
　　品。

三、把你的建議／草圖，寄給這件家用品的製造廠商。
　　反應可能出乎你意料之外。

以上由設計工作室經營者塞格梅斯特（Stefan Sagmeister）提供。（詳情
可上網www.sagmeister.com）

閱讀設計雜誌

　　專業設計師都（瘋狂）愛看設計雜誌。你也應該看
（但不必瘋狂）。閱讀設計雜誌——或只是翻一下——能夠
提升你的眼光，觸動內心靈感。雖然坊間有數百種設計雜
誌——大多只是在吹捧高價精品——但下面這八本，是我
認定的必讀書目。

《居家》雜誌（*Dwell*）——備受肯定的家居雜誌之一。《居家》強調公眾服務和環保概念，是它獨特之處。

（詳情可上網www.dwellmag.com）

《工法》雜誌（*HOW*）——這本傑出的刊物主要討論平面設計。它也提供許多商業設計建言、書目推薦，還有一項年度設計競賽，能給你很多靈感。

（詳情可上網www.howdesign.com）

《iD》雜誌——得過獎的刊物，最著名的就是它的「年度設計評比」，選出當年度最佳設計作品——還有它的「四十新人」榜單，介紹設計界亮眼新秀。

（詳情可上網www.idonline.com）

《都會》雜誌（*Metropolis*）——主要報導建築和建材。這本雜誌可讓你深入了解建築產業。我也喜歡它對永續建築設計的討論。

（詳情可上網www.metropolismag.com）

《巢居》雜誌（*Nest*）——這本古怪有趣的電子季刊總是能想到一些我從沒想過、從沒聽過，讓人印象深刻的東西。

（詳情可上網ww.nestmagazine.com）

《O雜誌》——歐普拉（Oprah Winfrey）辦的刊物。風格反映她本人的設計品味。是各類型雜誌中，我最喜歡的三本之一。大力推薦。仔細閱讀，具體實踐。

（詳情可上網ww.oprah.com/omagazine）

《印刷》雜誌（*Print*）——另一本不錯的平面設計雜誌。最著名的是它那一套大部頭的分區設計年鑑。

（詳情可上網www.printmag.com）

《真簡單》雜誌（*Real Simple*）——我認識的一位設計師把這本雜誌奉爲聖經。它的宗旨很簡單：「簡化日常雜務，讓讀者能專心於爲生命增添意義的事物上。」

（詳情可上網www.realsimple.com）

學習卡林

我請教卡林・拉西德：非專業設計師的一般人，該如何在生活中培養對設計的敏感度？結果他送給我一份「卡林宣言」，內含五十要點，節錄如下。

一、拒絕專業化。

五、實際製作或執行之前，先問自己：此一作品是否包含新的創見、新的概念？它有任何實際價值嗎？

六、先了解所有和你工作相關的背景資料，然後通通忘掉，設計出新的東西。

七、永遠別說：「我也可以設計出那樣的東西。」因爲你並沒有。

二四、為體驗而消費，而非物質本身。

三三、普通並不好。

三八、有三種人——創造文化的人、購買文化的人，
　　　還有不鳥文化的人。你應該當前兩種人。

四十、想得廣，不要想得深。

四三、體驗是生活最重要的部分，而生命說穿了，就
　　　是由思想與人際的交流所構成。空間和物件可
　　　以增進、但也可能阻礙體驗過程。

五十、此時此時，是我們僅有的東西。

以上由卡林‧拉西德提供。他是全球最多才多藝、最多產、最受敬重的
設計師之一。（詳情可上網www.karimrashid.com）

參與「第三次工業革命」

　　如果所有人都該成爲設計師，何不現在就開始動手設
計？「將來，」義大利設計師蓋塔諾‧佩斯（Gaetano
Pesce）說：「消費者想要的是新奇的事物。我所謂的第三
次工業革命將賦予人們擁有獨特商品的機會。」想率先參
與這場革命，可以設計一雙你自己的耐吉球鞋——顏色、
花樣、圖案任你挑選。（詳情可上網nikeid.nike.com）凡斯
（Vans）溜冰鞋也可以讓你這樣做。（詳情可上網www.vans.com）

如果想要徹底表現個人化，不妨用自己的筆跡創造專屬字型。（詳情可上www.fontifier.com）「消費產品的大量訂製化風潮，」設計師大衛・史莫（David Small）告訴我，「將大大改變一般人對設計以及設計參與度的感受。」

參觀設計博物館

　　純粹藝術一直在博物館裡安身立命。但應用藝術——也就是設計——卻常屈身於老舊的檔案櫃，或設計師的地下室裡。還好，這種情況正逐漸改變。有幾個大城市已經闢建專門展示工業設計、平面設計、室內設計，和建築設計的博物館。這些博物館擁有大量展品和解說，正適合陶冶個人設計敏銳度。以下是推薦名單。

古柏休伊國立設計博物館（紐約市）——此館珍貴的永久性展覽，是全球最大設計寶庫之一，展品從米開朗基羅素描，到伊娃・基索（Eva Zeisel）設計的鹽罐子等無所不包。展覽內容永遠值得一看，尤其是那些由館方贊助的全國設計三年展（National Design Triennial）挑選出來的作品。

（詳情可上網www.ndm.si.edu）

設計交易所（Design Exchange）**（多倫多）**——取名交易

所，是因為這所博物館兼研究中心坐落在多倫多第一家證券交易所的原址。今日館方有兩大宗旨：推廣加拿大的傑出設計作品，以及讓參觀民眾了解世界各地設計的多元性。

（詳情可上網www.dx.org）

設計博物館（Design Museum）（倫敦）——由康倫爵士（Terence Conran）一手創立。這棟兩層樓的博物館提供二十到二十一世紀設計作品的巡迴展示。館內的禮品店和兒童活動區水準一流。由於所在地點接近倫敦塔，也讓我因而見識未曾體驗過的倫敦風情。

（詳情可上網www.designmuseum.org）

伊姆斯宅（Eames House）（洛杉磯）——查爾斯·伊姆斯和蕾伊·伊姆斯這對設計夫妻檔，可能是二十世紀最出名的兩位家具設計師。他們當作個案研究搭建的房子，也是他們大半輩子的家，現在成了兩人作品的展示間。此處參觀僅接受預約，不過每年有一到兩次對外開放，供一般大眾參觀。

（詳情請上www.eamesoffice.org/visit_house.html）

賀柏·魯巴林設計與印刷教學中心（Herbert Lubalin Study Center of Design and Typography）（紐約市）——位於紐約市東村（East Village）。只要來到這裡，你對平面設計的想

法就會從此改觀。致力保存平面設計經典作品的這所教學中心，平日只供古柏聯合大學（Cooper Union）師生做研究。因此想真正一窺堂奧，就必須事先預約參觀。

（詳情可上網www.cooper.edu/art/lubalin/Welcome.html）

當代藝術博物館，建築與設計區（紐約市）——這座世界知名的美術館，也是全美第一座闢置設計與建築展示間的博物館。永久性館藏之豐富——跑車、家具、海報、電器等無所不包——任何有意提昇設計鑑賞力者均應到此一遊。

（詳情可上網www.moma.org/collection/depts/arch_design/）

國立建築博物館（National Building Museum）**（華府特區）**——華盛頓地區最美的博物館之一，光是走進大廳（Great Hall）仰望天花板五分鐘，就已不虛此行。如果願意多待一會兒，通常還有不錯的建築或都市設計展，多半與公共建設有關。為兒童準備的參觀活動也很完善。

（詳情可上網www.nbm.org）

維多利亞與亞伯特博物館（Victoria and Albert Museum）**（倫敦）**——英國國家級的藝術與設計博物館，極具空間感的展場，陳列著兩千年來的優秀設計作品——從十世紀的埃及花瓶，到二十世紀的伊姆斯櫥櫃。小朋友的活動也設計得很不錯。

（詳情可上網www.vam.ac.uk）

維特拉設計博物館（Vitra Design Museum）（德國萊茵威爾城）——坐落在一棟法蘭克‧蓋瑞設計的建築物裡，此博物館定期展出歐洲最優秀的工業設計作品。

（詳情可上網www.design-museum.de）

威廉艾斯納廣告與設計博物館（William F. Eisner Museum of Advertising and Design）（威斯康辛州密爾瓦基市）——這座迷人的當代博物館是密爾瓦基藝術設計學院的一部分。多數展品都偏向平面設計，不過也收藏一些有趣的工業設計作品。

（詳情可上網www.eisnermuseum.org）

上桌了

找個在你生命中佔有特殊地位的東西——大學時代的舊襯衫、被屁股坐得服貼的皮夾、最愛的大湯匙、一隻酷手錶之類。把它放在你面前的桌子上，或是捏在手裡。想想下面這些問題。

一、當你注視或使用這東西的時候，它讓你想到什麼？過去的生活？你運用它的技巧？背後的創作者？或許你可以發掘出一些愉快的經驗或感受。

二、它如何觸動你的感官？應該有許多細微之處，或

設計元素，引發你的五官反應。

三、思考一下你是如何將感官線索，連結到對物品的看法與感受。你看出中間的關聯了嗎？

再換個東西來做實驗，像是一個你沒有特別感觸的東西。這些物品有何不同？為什麼無法挑動你的情緒？

訓練自己挑選有感觸的設計產品，就能打造出更充滿意趣的生活環境，而不只是囤積物質。

以上由「延續設計」（Design Continuum）工業設計主任丹·布克納（Dan Buchner）提供。（詳情可上網www.dcontinuum.com）

就愛挑剔

挑能耐久，用起來得心應手的東西。挑經典設計、永不退流行的衣服。挑越陳越香的家具。挑你喜歡、而非別人驚艷的東西。並記得，永遠沒有任何物質比你的家人、朋友，和你的自主心靈更重要。

以上由瑪尼·莫瑞斯（Marney Morris）提供，他是動畫母體（Animatrix）創始人兼總裁，也擔任史丹佛大學互動設計講師。
（詳情可上網www.animatrix.com）

5

不只有論點，還說故事

來做個即席測驗。

第二章裡，我提到三種將我們送入感性時代的力量，當時我舉了幾個例證來支持我的論點。書行至此，來做兩道習題，看你記得多少。

第一題：在亞洲因素那部分，我提到大量白領工作正外移到印度、中國、菲律賓。根據我引證的數據，有多少美國薪資可能在未來十年中，轉移到這些低工資國家？

第二題：在自動化因素那部分，我提到強大的電腦軟體正在改變、甚至剝奪了許多西方知識工作者的頭路。當

時我將誰比喻為感性時代的約翰‧亨利？

除非你擁有照相式記憶，或熱愛計算美國流失的薪資，否則多數人應該都會答錯第一題，答對第二題。＊為什麼？因為第一題我要你回想一個事實，而第二題，我要你回想的是一個故事。

回憶特定資訊很困難，但想起卡斯帕洛夫的悲壯故事就容易得多，這並非智能不足或老人癡呆的徵兆，而是多數人的腦袋就是這麼運作的。故事比較容易記憶，因為從很多方面來說，人類正是靠故事來記憶事情。「敘事性想像──也就是故事──是思考的基本工具，」認知科學家馬克‧透納（Mark Turner）在他《文藝心智》（*The Literary Mind*）一書中寫道：「理性判斷需要靠它達成。它是我們看待未來，和預測、計畫、解釋的工具…人類多數經驗、知識、思想都是以故事形態儲存。」[1]

就如設計，故事對人類生活體驗也同樣不可或缺。就拿上一章提到的那位裹著腰布，敲石造箭成為設計師的原始人來說，當夜幕低垂，他和夥伴們陸續返家時，一群人多半會圍坐在營火旁，交換白天狩獵發生的驚險故事。他的腦袋就和我們的腦袋一樣，藏有一個內部「故事機

＊解答：第一題：一千三百六十億美元。第二題：西洋棋大師卡斯帕洛夫。

制」，讓他能以體驗模式，而非一套邏輯開關來理解這個世界。

但即使故事在人類歷史上佔據重要地位，到今天仍然主導我們的思想方式，但是在資訊時代裡，它卻遭到冷眼對待。在好萊塢、寶萊塢等娛樂重鎮，故事是神聖的。但除此之外，社會大眾對它若非完全忽略，就是視之為事實的浪蕩小兄弟：故事是娛樂效果，事實才是微言大義。故事讓人分心，事實傳達要旨。故事是騙人的，事實才是真的。這套觀點有兩個毛病。第一，從剛才的隨堂測驗可知，它剛好和人類心智運作原理相反。第二，在感性時代，小看故事的力量，將造成事業和生活上的阻礙。

> 「人類腦袋的原始設定並不適合理解邏輯，而適合理解故事。」
> ——羅傑·申克（Roger C. Schank），
> 認知科學家

找出事實並不容易。過去，全世界的資料訊息多半堆積在實體圖書館塵埃滿佈的書架上，或是儲存在專屬架構的資料庫裡，只有錢多的企業機構，靠著電腦專家協助才能一窺奧妙。但在今天，事實俯拾皆是，幾乎不用成本，不必等待。如果要找美國外移薪資的統計資料，只消到Google打上幾個關鍵字，按下換行鍵，幾秒鐘之後可能就會出現想要的資料。如今視為理所當然的事，僅僅十五年

前還像是癡人說夢：遠在薩伊共和國的十三歲小男孩，只要通曉英文，連上網路，就可以和劍橋大學的圖書館長一樣輕鬆快速的找到布魯塞爾現在氣溫、IBM的收盤股價，或是邱吉爾第二位財政大臣的名字。這當然很好。但這也對我們的工作和生活形成重大衝擊。當事實隨手拈來即是，它的行情也就每況愈下，相對來說，此時行情看漲的則是將事實套上背景，以「觸動人心」的方式傳達給人的能力。

而這，正是「故事」能力的精髓──輔以背景，潤以情感。

故事既符合高感性，也屬於高體會能力。故事是高感性，因為它藉其他事物做類比，強化我們對某一事物的理解。例如約翰‧亨利的寓言，就讓我們在三言兩語間體會到工業時代的早期狀況。而卡斯帕洛夫的故事又接著在另一背景下，闡述同樣的境遇，兩者一前一後傳達出複雜的概念，較之於一份條列式的單調簡報，更讓人記憶深刻而寓意深長。故事也是高體會，因為故事幾乎總帶有情感衝擊。約翰‧亨利力竭身亡。卡斯帕洛夫受到電腦棋力的震撼。套句英國作家福斯特（E. M. Forster）的名言：事實是「王后死了，國王也死了。」故事是「王后死了，國王隨著心碎而死。」

在《心科技》（*Things That Make Us Smart*）一書中，

唐納・諾曼（Don Norman）簡潔歸納了「故事」的高感性和高體會本質：

> 故事巧妙捕捉了嚴肅決策所缺少的東西。邏輯試圖一以貫之，將決策剝離原本的時空背景，忽略主觀感受。但故事卻捕捉了背景、捕捉了情緒…故事是很重要的認知程序，因為它把訊息、知識、背景，和情緒緊密結為一體。[2]

綜合濃縮、賦予背景、加添情感的敘事能力，在感性時代變得異常重要。由於多數公式化的知識型工作都被轉交高速電腦處理，或外包海外的左向思考勞工，「故事」所象徵難以捉摸的右向能力，也就相對顯得搶手。同樣地，隨著越來越多平民百姓晉升優渥階級，追尋有意義生命的需求隨之增加，而在尋找的過程需要以故事——包括對別人說的和對自己說的——為媒介。本章接下來，就要探討編織動人故事的高感性和高體會能力，為何對企業界、醫療界，和個人生活來說，都至關緊要。

不過先讓我說個故事。

從前從前，在一個遙遠的地方，住著一個衣食無憂，生活滿足又受人敬重的英雄。一天，三位訪客來到。他們百般指摘英雄不是，要求他必須離開。英雄力圖抗拒，但

寡不敵眾。終被逐出家園，送往另一個世界。他獨自漂泊，踉蹌而行，還好途中得到貴人相助，他得以脫胎換骨，找到全新的自己，並誓言回返故里。這一天來到了，英雄在眾人夾道之下，回到家鄉。雖歷經人事變遷，但這裡仍是故鄉。

故事聽起來耳熟嗎？理應如此，因為它正是喬瑟夫‧坎貝爾（Joseph Campbell）所謂的「英雄之路」。在他一九四九年的《千面英雄》（*Hero with a Thousand Faces*）一書中，坎貝爾聲稱所有神話——無論古今中外——都是由相同的基本材料，按相似的公式寫出來的。他認為沒有新的故事——只有類似的情節不斷覆述，而所有故事之母，也就是從人類老祖先開始傳頌至今的故事大綱，正是「英雄之路」。英雄之路有三個主要段落：離鄉，啟蒙，和歸鄉。英雄受到召喚，起初抗拒不從，但隨即告別過去走向新世界。啟蒙階段，他碰上嚴苛的考驗，九死一生，此後改頭換面——通常是受高人指點，賜與神兵利器——獲得重生，最後他返回故里，成為兩個世界的主宰，誓言為兩地謀福。此一架構曾套用在荷馬的《奧德塞》、佛祖事蹟、亞瑟王傳奇、莎卡嘉薇（Sacagawea）故事（譯註：十九世紀初協助探勘美國領土的印地安女子）、《哈克歷險記》（*Huckleberry Finn*）、《星際大戰》（*Star Wars*），以及《駭客任務》（*The Matrix*）。事實上，按照坎貝爾的說

法，所有史詩故事應該都符合這套架構。

但你可能沒注意到——我也是最近才發現——英雄之路也可以套用到本書。一開始，知識工作者，也就是左向思考專家登台上場。她面對劇變威脅（富裕、亞洲，和自動化因素），必須起而回應（尋找新的工作和生活方式）。

起初她心懷抗拒（抗議企業外包政策、不承認需要改變），但最後她跨越藩籬（進入感性時代），一路上面臨挑戰險阻（訓練自

> 「從格林童話到戰爭與和平，故事是人類發明用來理解事物的基本工具之一。歷史上曾有不使用輪子的文明，但絕對沒有不講故事的人類社群。」
> ——娥蘇拉・勒瑰恩（Ursula K. Le Guin）

己的右向能力），她努力一一克服，終於習得關鍵能力，光榮返回故里，從此在兩個世界中悠然自得（成功開發全腦新思維）。

可別誤會我是暗示本書有神話特質。事實上，我的意思正好相反：那就是各種故事——尤其是「英雄之路」類型的故事架構——其實是無所不在的。我們天生就具備以故事架構理解、和解釋外在事物的傾向，甚至當自己以敘事方法寫作時都不自知。然而在感性時代，我們無法不正視故事的力量。

故事產業

羅伯·麥基（Robert McKee）是好萊塢的頭號要角之一，但你永遠不會在銀幕或片尾字幕上看到他的名字。過去十五年，麥基在歐美各地指導編劇新人如何寫出動人的故事，至今已有約四萬人砸下六百美金的學費，參加他舉辦的三日研習會。他教過的學生總計拿過二十六座奧斯卡金像獎。任何有意吃編劇這行飯的人，都要看他寫的入門書《故事：內容、架構、風格，與編劇準則》（*Story: Substance, Structure, Style, and The Principles of Screenwriting*）。不過近年來，麥基的門徒還多了一群與電影產業無關，頂多只會買爆米花看戲的人：企業主管、創業人士，和傳統產業員工。

這些人為何向麥基取經？

且讓這位暴躁的編劇大師自己現身說法：「雖然生意人不太相信故事…但其實數字只是用來編造謊言和爛謊言…會計報表則是穿上華服的狗屎。如果生意人瞭解人類生性傾向把生活經驗包裝為故事，他就知道打動人心的關鍵不是抗拒這個傾向，而是要擁抱它。」[3]

企業人士漸漸發現，故事可以賺大錢。經濟學家麥克勞斯基（Deirdre McCloskey）和克萊莫（Arjo Klamer）統計，所謂的勸說產業（persuasion）——包括廣告業、諮詢

業、顧問業等——佔了美國國內生產毛額的百分之二十五。假設「故事」貢獻了其中一半產值，就相當於每年一兆美金的經濟規模。[4] 正因如此，許多企業機構開始信奉麥基等人鼓吹的故事價值——而且是以各種意想不到的方式。

最明顯的例證，是一項正在興起的「組織說故事」運動，也就是藉由捕捉組織內部發生的故事，來推動並達成組織目標。此運動的發起人之一是澳洲人史提夫・丹寧（Steve Denning），他原本在雪梨做律師，後來進入世界銀行（World Bank）擔任中階主管。「我是個左腦思考的人，」他說，「大單位最喜歡我這種人。」

不過在一次世銀的改組中，丹寧被調離他熱愛的工作，下放到冷僻的組織邊疆地帶：一個叫「知識管理」的部門。在企業語言中，知識管理指的就是一家公司整理龐雜內部資訊和組織經驗的工作。丹寧成了這個部門的主管。經過一番不情願的掙扎，丹寧逐漸對自己的工作有了新的看法。（聽起來很像英雄之路，不是嗎？）就在他試圖了解世銀知道些什麼——也就是判斷有哪些知識須要管理——的過程中，丹寧發現他從餐廳聊天交談中獲知的，比他在銀行正式文件和報表中讀到的還要多。從此他了解到，組織的知識，其實是包含在故事當中。這意味著如果他真想要成為世銀的知識權威，就不能僅仰賴他過去二十

五年擔任律師與主管過程中學到的左向處事手段。丹寧於是首開先例，以故事來儲存和傳達知識，讓世銀成為知識管理領域的領導者。

> 「神話是個秘密開口，無窮的宇宙能量經由這個開口，不斷傾洩至人間。」
> ──喬瑟夫‧坎貝爾

「說故事不能取代解析性思考，」他說：「但它能補其不足，讓我們以創新角度看事情，發現新觀念…抽象分析若透過一個好故事來傳達，將更容易理解。」[5] 如今丹寧也積極對世界各地的組織企業宣揚他的信念──告訴別人他的故事。

　　丹寧並非接受故事在商業領域價值的唯一特例。3M公司就替高級主管安排了說故事的課程訓練。美國航太總署（NASA）也在它的知識管理程序中運用說故事為手段。全錄（Xerox）則是發現了維修人員經常從彼此交換維修經驗當中學到技術，因而著手蒐集這些出勤故事，匯整為一個資料庫，取名優瑞卡（Eureka），其對組織之價值被《財星雜誌》評估為高達美金上億。不只如此，還有人創辦專門協助企業蒐集內部故事的公司。位於芝加哥郊區的故事尋寶（StoryQuest）就是其中一例。他們派遣訪問員到公司，將員工的故事作成紀錄，製成光碟，讓這些個人體驗匯聚成一幅顯露出企業文化與企業宗旨的全景寫生。而在英國，勞倫斯‧奧立佛（Laurence Olivier）與瓊

安‧布勞萊（Joan Plowright）的兒子理查‧奧立佛（Richard Olivier），原本是個莎翁劇場導演，現在則擔任大企業顧問，教導企業如何把「故事」融入日常作業中。奧立佛把他的課程取名為「神話戲劇」（mythodrama）。他的客戶必須閱讀和演出莎翁劇碼，以便從中汲取領導統馭及企業管理的智慧。「光靠邏輯和分析能力，已不足以保證事業成功，」奧立佛說。[6] 成功的企業人士必須同時掌握會計財務知識，與說故事的藝術。

取笑一個努力扮演安卓尼可斯（Titus Andronicus，莎劇主人翁）的採購經理很容易，但一向行動遲緩、抗拒轉變的大企業，竟也開始嘗試接納「故事」——一個在十年前被當成企業主管間笑柄的字眼——就足以證明時代在變，而順勢而起的正是前述的內在本能。就如曾共同創辦全錄帕羅奧圖研究中心（PARC）的惠普主管艾倫‧凱伊（Alan Kay）所說：「揭開董事會的文明外表，其實我們都不過是一群提著公事包的原始人，渴望傾聽智者為我們說故事。」

「故事」也在另一個層面上衝擊商業行為。就如同設計，故事也成為個人與創業家，在擁擠市場中區隔自家產品服務的關鍵。要解釋這個現象，最好的方法就是說幾個我自己消費經驗中的切身故事。

　　故事能夠創造特色的第一個例證，出現在我家信箱裡。我們的房子位在華府特區西北地帶，當地最近正緩慢上演著世代交替。數十年前在這裡買下殖民地式整潔磚房、養兒育女的居民，一個個退休了。另一方面，不少帶著孩子的年輕夫婦想要搬進來，因為這裡雖不是郊區，卻有著郊區的便利。由於潛在買方遠多於潛在賣方，房屋價格因此隨之上揚。為了引誘老住戶搬家換個環境，仲介業者經常寄明信片給本區所有居民，吹噓最近他們又替哪棟不起眼的房子賣出了天價。不過有天我在信箱裡發現了一張很不一樣的廣告明信片。我原本差點隨手扔了，仔細一看，它一面印著普通的房屋照片，就是仲介前幾天賣掉的那棟。但另一面並沒有像以往用特大字體印上房子的賣價，而是寫著這段文字：

　　佛羅倫絲和她先生在一九五五年買下這棟房子。當時他們付了現金兩萬美金。他們喜歡這房子的許多小地方，像是實心橡木門、有很多鑲嵌玻璃的大窗戶、門邊的橡木雕飾⋯舊式英國壁爐架、花園小池塘等等。但在九十一歲那年，佛羅倫絲搬到了布萊頓園，一個位在法蘭希高地的老人社區。費南德茲姊妹和親友街坊委託我代賣這棟寶貴資產，讓我深感榮幸。佛羅倫絲允許我打掃房子，重新粉刷，重鋪地板，並洗刷窗戶。

現在，請大家歡迎史考特與克莉絲蒂入住我們的社區，他們熱愛這棟房子，打算永遠永遠住下去。

廣告明信片上沒有寫房子的賣價是多少。乍看之下似乎是項疏忽，但其實是感性時代的聰明行銷手法。房子賣了多少錢很容易查出來——從報紙、網路、街坊聊天等。再說，此區房屋都大同小異，價格差異也不大。因此若是光靠吹捧房屋的賣價，恐怕很難說服想賣房子的人和特定仲介業者簽約。賣一棟已經住了半個世紀的房子，不僅是財務決策，更牽扯到很多情感因素。在這個需要高體會技巧，以及強調服務特色與其他仲介作出區隔的時刻，還有什麼會比說個故事更有效呢？

再舉一例來說明「故事」在富裕時代的重要性。有天下午我在超市買晚餐材料時，決定要買幾瓶紅酒，店裡的紅酒品牌大約有五十種，選擇不多，但品質尚可。我很快把範圍縮小到三個低價品牌，價位都是九、十塊美金，品質看來差不多，該怎麼抉擇呢？我看了看瓶身，其中兩瓶的標籤上充斥著美麗形容詞，另外一瓶上——2 Brothers Big Tattoo Red——卻寫著一個小故事。

這瓶酒緣起於兩個兄弟，艾瑞克和艾利克斯。他們想以一種輕鬆但兼具慈善的方式來推銷好酒，由艾利克斯尋找貨源，艾瑞克設計標籤。他們的目的是紀念他們因癌症

早逝的母親…艾利克斯和艾瑞克每賣一瓶酒，就會以他們母親莉莉安娜的名義捐出五毛美金給北維吉尼亞療養院，以及／或是其他癌症研究基金。由於您的幫忙，我們已經從第一批酒的營收中捐出約七萬五千美金，未來希望能夠捐出更多。艾利克斯和艾瑞克感謝您購買大刺青酒，共同紀念他們的母親。

猜猜看我買了哪瓶酒？

醫者故事

現代醫學可謂奇蹟，類似磁振造影等功能強大的設備可以替腦袋照相，讓我們一窺人體內部運作。新的藥物和醫療設備拯救了許多性命，更改善了病人的生活品質，但這些技術進展卻經常掩蓋了另一個平凡無奇，卻同樣重要的醫療層面。現代的醫療體系有時「完全忽略了病患的故事，」紐約史東尼布魯克大學醫院（Stony Brook University Hospital）的嘉勒罕醫生（Jack

> 「故事，是人類生病時自我推斷病因而得到的結果。就醫時，他說的就是自己的故事。身為醫生，我們的診療能力受限於正確理解病患故事的能力。如果你做不到這點，就等於一隻手被綁在背後治病。」
>
> ——霍華·布洛迪醫生（Howard Brody），家庭醫師

Coulehan）說：「不幸的是，醫學界認為生活故事是最低階的科學。」[7] 我們應該都有類似的經驗。每當來到醫院的診療室，等醫師就座之後，幾乎總會發生兩件事情：首先是病患開始敘述自己如何生病，接著醫師就會插嘴打斷病人。二十年前，研究人員曾將醫病雙方的對話錄影研究，結果發現每個醫生平均會在病人開口後二十二秒鐘後插嘴。最近另一組人員重做這項研究，結論是醫生有了進步，現在他們平均會等二十三秒才插嘴。

但這種趕著看病、只聽事實的診療方式可能即將有所變化，而變革的主要推手是瑞塔・嘉倫博士（Rita Charon），一位努力把「故事」納入診斷和醫療程序核心的哥倫比亞大學醫學院教授。早年當她還是個年輕的內科醫師時，嘉倫博士很驚訝的發現，雖然她的工作幾乎無時無刻不牽扯到故事：包括病患陳述病情、醫生交換經驗，還有病歷上所呈現的，都是一個又一個故事，然而醫學院的課程和醫學院師生的意識裡，卻似乎完全忽略故事的存在。於是嘉倫博士在醫科學位以外，又取得了語文博士學位——接著投入醫學教育改革。二〇〇一年她在《美國醫療協會期刊》（*Journal of the American Medical Association*）上發表一篇鼓吹全腦思維的文章，發起將故事融入診療的革新運動：

僅以科學為根據的醫療行為，無法幫助患者面對病痛，以及失去健康的事實。除了科學知識，醫生還須具備傾聽病患陳述、理解和尊重，同時感同身受進而協助病患的能力。[8]

今天哥倫比亞大學醫學院所有二年級學生，除了硬底子的醫學科目之外，都必須修習敘事醫療課程。學生在這堂課裡學習傾聽病患的故事，以及如何更敏銳地「閱讀」這些故事；這些年輕醫生學會擴大問診範圍，而非機械化的提出制式問題。「告訴我那裡痛」變成了「談談你的生活」。課程的目的是加深同理心，因為研究顯示醫學院學生的年級越高，對患者的關懷反而遞減。而課程的效果，包含了高體會與高感性兩個層面。瞭解敘事技巧可以幫助年輕醫師從病患角度看事情，並根據患者的整體生活情況來評估病情。嘉倫認為，要做一個好醫生，必須具備處理敘事的能力——也就是「人類用來吸收、理解，和回應故事的能力」。[9]

「敘事醫學」其實只是一個大趨勢的面向之一，此一趨勢試圖將右向感知力融入傳統上被視為左向思考堡壘的醫學界。十五年前，只有三分之一的美國醫學院提供人文課程，今天比例已提升到四分之三。[10] 知名的紐約市貝爾維（Bellevue）公立醫院有一份自己發行的期刊《貝爾維

文學評析》。（其他醫學院如哥倫比亞大學、賓州大學、新墨西哥州大學也都陸續刊印文學期刊）。貝爾維期刊的總編輯丹妮葉歐佛瑞博士（Danielle Ofri）也在學校授課，她要求自己的學生至少要交出一篇根據病歷寫成的故事——也就是從病患的角度來說病患的故事。「這其實和小說家的工作沒兩樣，」歐佛瑞說：「我認為這些基本上具備同理心和善良本性的學生，可以藉此獲得與病患溝通的技巧。」[11]

　　當然，敘事技巧不可能取代技術專業。如果一個醫生懂得傾聽病患故事，卻忘記量血壓，或開錯藥，恐怕很快就會丟飯碗。但嘉倫博士的教學方式可以幫助年輕醫生在執業時展現出更多同理心。（本書第七章將進一步討論同理心。）舉例來說，嘉倫博士的學生總是替每個病人準備兩張病歷。一張記載傳統病歷上的各種檢驗數值和醫學術語，另一張——她所謂的「平行病歷」——則由學生寫下病患的故事

> 「如果你獲得一個故事，務必珍惜，並學會把它送給需要的人。有時人們對故事的饑渴，尤甚食物。」
>
> ——貝瑞・羅培茲（Barry Lopez），
> 《極地之夢》（*Arctic Dreams*）作者

以及自己的情緒反應。一份針對此種診療模式的成效調查顯示：與未做平行病歷的學生相較，採用平行病歷的學生不但醫病關係較佳，問診與治療的技巧也比較好。[12] 當

然，光靠「故事」並不能治病，但配合現代醫療技術，兩者合力顯然才能發揮最佳醫療效果。這或許就是醫學的未來走向：能縝密推理也能誠心關懷、能分析檢驗報告也能傾聽故事——全腦思考的新好醫生。

我們的生命就是由故事串成的。我們把生活體驗、想法、情緒，濃縮成一段一段的故事，向人傾訴，也對自己訴說。一直以來都是如此，只不過在富裕時代，因為人們有更多機會去追求生命深層意義，「故事」也就變得更為普及，更需要去掌握。

「故事」絕非僅止於賣房子的新鮮手段，或評價醫生的關懷指標。它代表在左腦以外，另一種理解事物的方式。我們可從許多地方發現人類經由故事重新認識自我的渴望——包括大受歡迎的「剪貼簿」（scrapbooking）運動（蒐集生活物品組成故事，藉此告訴別人或自己「我」是誰），和利用網路調查宗親族譜的突然流行。

這些現象顯示人們對故事所能帶來的事物的渴望，也就是蘊含情感的背景，以及對人我關係、自身價值的更深體會。感性時代提醒了我們兩個現代人幾乎遺忘的真理，那就是我們必須聆聽彼此的故事，以及我們都是自己生命故事的作者。

設計

故事

整合

同理心

玩樂

意義

寫個極短篇

　　寫作不容易。寫短篇故事更不容易。而寫小說、劇本，或電影腳本甚至可能要花上好幾年時間。所以不用急，先來寫個極短篇（mini-saga）。極短篇是剛剛好五十個英文字組成的超短故事。但就像所有故事一樣，它也有開頭、中段，與結尾。倫敦《電訊報》（*Telegraph*）長期贊助一項年度極短篇寫作比賽，從參賽作品中可看出僅僅五十個字也能發揮無限創意。試著寫寫看，你會上癮的。下面舉兩個範例，挑起你的興趣。

一生

五兄弟的老三喬伊，十六歲離家，四處遊歷，在諾丁罕落腳，娶妻生子。夫婦倆都做工，孩子整天玩耍，勉強糊口。他有時真想逃開，但她只剩一年好活卻沒走，他怎能走？

珍・羅森伯格，英國布萊頓

好真實的夢

在朋友家過夜，做了個栩栩如生的夢：小偷闖進來，偷走屋內所有東西——又小心用複製品還原屋內每件東西。

「好真實的夢，」早晨他告訴友人。

友人滿臉驚嚇不解：「但，你是誰？」

派崔克・佛希斯，英國瑪爾頓

加入故事坊

紐約中央車站大廳中央有個外型奇特的方正小屋，叫做「故事亭」，紐約居民都該去那裡看看。只要十塊美金，任何人都可以預約一個小時的使用時間，進去錄一段

廣播品質的訪問對話（對象可以是你九十歲阿嬤，親朋好友，或是街角那個怪叔叔），將他們的人生故事保存下來。這是國家贊助的「故事坊」（StoryCorps）計畫一部分。此一計畫目的為「教導及鼓勵美國民眾將彼此的故事以聲音格式紀錄下來」，由曾獲「麥克阿瑟學者」榮銜的大衛‧伊塞（David Isay）所發起，靈感來源則是一九三○年代工作改進局（Works Progress Administration）提出的口述歷史計畫。所有民眾錄製的故事都將收藏在美國國會圖書館的美國民俗中心（American Folklife Center），供後代子孫查詢。有意參加者其實並不一定要親赴紐約中央車站，故事坊的網站也提供「錄製器材包」，讓你自己來。「故事坊旨在頌揚你我的共同經驗和集體認同，」發起人表示，「它捕捉並界定了將我們凝聚在一起的大小故事。我們發現在與親友、鄰居訪問的過程當中，無論訪問人或受訪者都有很大的感觸。有人因而改變自己，有人從中凝聚友情，有家人因而更深愛彼此、更瞭解彼此。畢竟傾聽本身，就是愛的表現。」

（詳情可上網www.storycorps.net）

拿出收音機

如果故事坊對你來說太麻煩，不妨試試自製的陽春版。找個親朋好友，讓他坐下來，打開錄音機，請他談談自己的過去。你和你另一半是怎麼認識的？你的第一個工作是什麼？你第一次離家過夜是什麼時候？你最討厭的老師是誰？你生命中最快樂的日子是哪一天？最難過的日子是哪一天？最震驚的日子是哪一天？你一生最棒的決定是什麼？你絕對無法預料會得到什麼樣的驚喜——而把這些故事錄下來，更令人興奮。

故事大會串

想見識各式各樣的故事和說故事的人，最好的方法就是參加各地越來越多的說故事活動。在兩到三天的集會中，數百名參加者——有些是職業的，有些是業餘——輪流上台說故事。雖然部分上台者說的故事可能難以卒聽——像是帶有可怕的濃重鄉音——但你遲早會聽到精采的故事，或碰到有趣的說書人。以下列出幾個這類活動中最好的七個。

全國說故事節（National Storytelling Festival）——全美說故事活動的始祖，每年有超過一萬人赴會。

地點：田納西州瓊斯柏洛（Jonesborough）

時間：十月

詳情可上網www.storytellingcenter.com

育空國際故事節（Yukon International Storytelling Festival）

——此活動已有十餘年歷史，參加者多來自極地省份或國家——育空、格陵蘭、冰島等——在早春的永日照耀下講故事。有些參加者用幾乎失傳的母語演說，希望挽救凋零中的語文。

地點：加拿大育空省白馬市（Whitehorse）

時間：六月

詳情可上網www.yukonstory.com

灣區故事節（Bay Area Storytelling Festival）

——這項週末戶外集會是美國西岸最棒的說故事活動之一。

地點：加州艾索布蘭特（El Sobrante）

時間：五月

詳情可上網www.bayareastorytelling.org

澳洲全國說故事大會（Australian National Storytelling Confest）

——由澳洲說故事公會贊助，這項活動除了有來自澳洲各地的民眾與說書人參加，甚至還有傀儡戲表演。

地點：澳洲昆士蘭省布里斯班（Brisbane）

時間：九月

詳情可上網www.home.aone.net.au/stories/nd4fest.htm

數位故事節（Digital Storytelling Festival）——各色講演者

與藝人在此利用電腦和其他數位設備，編織出動人故事。（請參看後續「試用數位工具」）此活動是由首創以數位方式說故事的達娜艾區利（Dana Atchley）所發起。遺憾的是，她在幾年前不幸早逝。

地點：亞利桑那州塞多納（Sedona）

時間：六月

詳情可上網www.dstory.com

清角島國際故事節（Cape Clear Island International Storytelling Festival）

——這裡是愛爾蘭最南端的島嶼，參加者形形色色、來自世界各地。多數故事以英語述說，部分為愛爾蘭語。

地點：愛爾蘭清角島

時間：九月

詳情可上網www.indigo.ie/~stories

營火邊新英格蘭說故事大會（Sharing the Fire, New England Storytelling Conference）

——全美最具傳統的地區性故事節之一。美國東岸一流說書人皆匯聚於此。

地點：麻州劍橋（Cambridge）

時間：九月

詳情可上網www.lanes.org/stf.html

訂閱「一個故事」

　　閱讀短篇故事可以磨練故事技巧，但要如何才能避免為了找個好故事而迷失在汗牛充棟的文學期刊當中呢？解答之一：讓瑪瑞貝斯・巴恰（Maribeth Batcha）與漢娜・汀提（Hannah Tinti）的創新刊物，《一個故事》（*One Story*）為你代勞吧。這份刊物正如其名，巴恰和汀提每隔三星期左右會寄給訂戶⋯一個故事。口袋大小的迷你書形式，可以輕易隨身攜帶。故事通常有一定水準，而且看獨立的一則故事，而非夾雜在一堆其他文字裡──像是突兀地出現在《紐約客》的哈薩克政局報導以及名家書評之間──特別有種單純的美感。我自己訂閱了好幾年，還曾幫人訂閱（一年不過二十一塊美金）當作禮物。

（詳情可上網www.one-story.com）

試用數位工具

　　說故事是項古老的藝術──但就像所有藝術一樣，它也可以運用現代化設備來強化效果。數位相機、低成本影音編輯軟體、Photoshop，還有光碟燒錄器都讓說故事的人得以用畫面和聲音來表現。每年數位故事節附帶舉辦的入門訓練營，是學習這些技巧的好地方（參見前述）。（我

自己也去過這個訓練營，真的值回票價。）數位說書中心（Center for Digital Storytelling）也提供課程及很多背景資料（詳情可上網www.storycenter.org）。

想了解科技與故事還能搭配出哪些可能，可以參考以下網站：「論戰」（www.fray.com），「城市故事」（www.citystories.com），以及呈現兒時天真的「我曾相信」（www.iusedtobelieve.com）。

讀幾本書

加強說故事能力的最好方法，是閱讀好故事——尤其是那些古典範例，如伊索寓言、希臘神話、美洲原住民神話、南亞神話、日本神話、聖經、莎士比亞戲劇等。但若想拓展對「故事」的宏觀理解，下列三本是必讀書目。

《故事：內容、架構、風格，與編劇準則》，羅勃・麥基著——即使無意當個電影編劇，麥基這本書也值得一讀。它分析了電影故事的基本架構——從角色對情節的影響，到二十六種不同故事類型。看完它就算學不到寫作，至少看電影的角度將從此不同。

《瞭解漫畫：無形藝術》（*Understanding Comics: The Invisible Art*），史考特・麥克勞（Scott McCloud）著——很多人聽到我把這本書封為經典，都一笑置之。但其實他們

不了解。麥克勞這本傑作（真的，它當之無愧）解釋了漫畫演譯原理——故事如何開展、圖文如何搭配、讀者如何填充劇情空白。不只如此，此書從頭到尾以漫畫形式寫成，驚人吧！

《千面英雄》，喬瑟夫·坎貝爾著——坎貝爾在此書中提出「英雄之路」的概念，任何追求成長的作家——當然，還有所有追求成長的人類——都應一讀。若想進一步瞭解坎貝爾的論點，可參考他一九八〇年代晚期和比爾·莫雅斯（Bill Moyers）的著名訪談，市面上有CD、DVD和錄影帶。另外坎貝爾基金會也提供和出售他的演講與著作選集。

（詳情可上網站www.jcf.org/works.php）

6

不只談專業，還須整合

這是我。

說確實一點，這並不是我，而是我的一張畫像，由我本人畫我自己。一張自畫像。畫得很糟吧？（鼻孔？唉，別提了）。

我一直不太會畫畫，所以某一天就決定去好好學一學。我沒去傳統的繪畫班，而選擇了比較接近本書精神

的方式：也就是用右腦畫畫，一套由貝蒂·艾德華茲（Betty Edwards）創始並出版專書推廣的教學方式。上面那張自畫像有點像是減肥廣告的「使用前」照片，是我上課第一天的作品——在老師開講前畫的。五天後，我的畫作有了改變，本章稍後你會看到結果。而在這中間，我學習到許多「整合」能力的相關知識。

本書所謂「整合」（Symphony），是指化零為整的能力。這是一種綜合而非解析的能力，也是一種從看似無關的領域之間找出關係的能力；它代表體察宏觀趨勢而非特定事實，也包含了將不搭調的東西配對創造出新事物的能力。無論從事實或比喻的角度來看，整合都是屬於右腦的能力。就如我在第二章中所說，神經科學研究經由功能磁振造影的輔助，顯示出右腦的運作是整體性、強調背景，和綜合性的。它不見樹，而見林——若以交響樂來做比喻，就是不拘泥單一樂手的表現，而關心整體合奏的效果。

整合思考是作曲家和指揮家的最大特徵，他們的工作是駕馭各色各樣的音符、樂器，和樂手，產生和諧悅耳的聲音。創業家和發明家最需要仰賴這種能力，但在今天，「整合」已搖身而成多數人口的必要能力。背後原因，同樣是前述迫使我們脫離資訊時代的三個因素。由於自動化，許多知識工作者的高重複性分析工作憑空消失。亞洲

的低成本人力，也導致這類職缺大量外流。專業人士因而有機會（或不得不）轉而從事電腦和低薪海外技工無法取代的工作，包括辨認趨勢、跨界尋找新組合，以及大膽發揮想像力。在此同時，由於資訊爆炸、個人選擇，與平庸產品氾濫，整合能力也特別顯得稀有而珍貴。現代人生活充斥著難以消化的過多選擇和刺激，有能力綜觀全局、去蕪存菁的人，在追求個人生命滿足上，佔有絕對優勢。

想了解並開發整合能力，最好的方式之一是學習繪畫——而從我的自畫像就可以明顯看出，它並非我的專長。

繪畫課第一天，在打開素描簿，削尖鉛筆之前，我們先學到了這一行的精髓——簡單說，就是一句在接下來五天不斷重複的話。「繪畫，」布萊恩‧布梅斯勒（Brian Bomeisler）說：「主要就是在辨認關係。」

布梅斯勒是我的老師。我和其他六個學生——背景各不相同，包括一位來自加納利群島的律師，和一個紐西蘭藥師——來此上課，學習貝蒂‧愛德華茲在《用右腦作畫》一書中開發的繪畫技巧。布梅斯勒資歷完整，在紐約是頗受肯定的畫家，他的作品（和進行中的畫作）展示在我們上課的蘇活區公寓六樓牆面上。整套課程共六天，布梅斯勒教授此課程已有二十年經驗，而且他還是貝蒂‧愛德華茲的兒子。

這套課程是布梅斯勒與他母親一同開發，而他也像他母親一樣深信，繪畫是觀察的藝術。「為事物冠名，是畫不好的關鍵，」他說。為了證明這一點，他給我們一個小時來畫自畫像。我們拿出小鏡子，打開大號素描簿，動手作畫。我比其他人早完工──布梅斯勒也馬上認出我就是那個終於決定到減肥科報到的四百磅大肥豬：沉痾已久，積重難返──不過既然已經糟到不能再糟，改善應該不會太難。

布梅斯勒一邊斜眼看著我的大作，一邊對我說，這張素描的問題在於我畫的不是我看到的東西，而是我「兒時的腦中符號。」如果還能忍受的話，請翻回前面幾頁，重新看看我的自畫像。我的嘴唇其實**不是**長那個樣，也沒有任何人的嘴唇是長成那樣，因為我畫的是嘴唇的**符號**──一個來自兒時記憶的符號。小時候我們全家開車到芝加哥拜訪爺爺奶奶，總會看到九十四號州際公路旁那座奇吻（Magikist）地毯清潔公司的唇形招牌，而我的素描嘴唇，看起來就像那個嘴唇商標。就某種意義而言，我是用現代象形文字寫上「嘴唇」，而非真的看到了嘴唇，以及它與臉部五官間的關係。

　　當天接下來的課程中，布梅斯勒拿出一幅畢卡索素描，要我們臨摹。但在下筆前，他叫我們把畢卡索的畫上下顛倒——好讓「你不知道自己在畫什麼。」這麼做的目的，是要欺騙左腦，以便右腦有機會發揮。當左腦不知道右腦在幹啥，心智就能掙脫束縛，察覺事物的相對關係，再統合爲整體。就許多層面而言，這就是繪畫教學的核心——也是學習「整合」能力的關鍵。舉例來說，我的自畫像看起來不對勁，就是因爲相對關係搞錯了。在繪畫課上，我們七人學到了——更重要的是，我們看到了——在人臉上，眼睛中線到下巴底部的距離，和眼睛中線到頭頂的距離，是相等的。由於我把眼睛畫得比實際上高出太多，破壞了相對關係，整張畫就被扭曲了。

　　布梅斯勒非常和氣體貼，就像是兒童節目主持人羅傑先生（Mr. Rogers）和左岸藝術家的綜合體。每次繪畫練習他都會四處走動，說些鼓勵的話。「我的工作是讓你們

的左腦安靜下來，」他輕聲細語地說。有一次，他教導我們負空間的概念——也就是影像周圍以及影像之間的區域。他拿出聯邦快遞的商標圖案給我們看。

注意到「E」和「x」之間的白色區域嗎？看到那個箭頭了嗎？那就是負空間。在後來的課程中，當我們練習為同學畫肖像時，一開始就先畫上大片淡色陰影——再擦掉多餘部分，呈現出對方的頭部線條。「負空間是非常有用的繪畫手法，」布梅斯勒說：「它是學習繪畫的秘訣之一。」

接下來四天，我們學到了以全新的角度來觀察相對關係，包括空間與負空間、光與影，和角度與比例的關係。我們畫疊在桌上的椅子，畫手掌上的線條、畫教室角落的陰影。過程當中，布梅斯勒一直不斷重複那句「繪畫主要就是辨認關係，」而關係，再構成整體。這套課程就某種角度來看，也是如此。所有針對「相對關係」的練習都彙整在最後一天下午，我們必須整合所有剛學會的技巧，融會貫通——再畫一次自畫像。

辨認關係

就像繪畫，整合也是在辨認關係。想在感性時代生存的人，必須了解看似獨立的不同專業領域間的關係，也必須學會如何將表面無關的元件組合為新事物，還需要熟悉類比的技巧——找出事物之間相似的層面。換句話說，有三種人可以一展所長：跨界者、發明者，以及隱喻家。

跨界者

我們這個時代最常見，可能也是最重要的字首是什麼？答案是「多」（Multi）這個字。企業要求「多工」（multitasking），社會講求「多文化」（multicultural），娛樂必須「多媒體」（multimedia）。過去只要專業專精，就保證事業成功，但現在最搶手的人才，卻是那些遊走於極端不同領域的通才。我把這些人稱為「跨界者」，他們擁有多領域專長，能操多國語文，在各式體驗當中都能獲得滿足。他們過著「多重」生活，因為在當前，這才是更有意思，更有效率的生活方式。

跨界者就像安迪・塔克（Andy Tuck），一位哲學教授兼鋼琴家，利用他在兩個領域的專長，開了一家管理顧問公司。跨界者也包括葛羅莉雅・懷特漢蒙（Gloria White-Hammond），一位波士頓的牧師兼小兒科醫師，還有歌劇

作曲家兼高科技樂器製造商塔德·馬喬佛（Todd Machover）、數學家兼時裝設計師潔恩·巴恩斯（Jhane Barnes）。[1] 芝加哥大學心理學家奇克森米海伊（Mihalyi Csikszentmihalyi）寫過《快樂從心開始》（*Flow: The Psychology of Optimal Experience*），《創造力》（*Creativity: Flow and the Psychology of Discovery and Invention*）等經典著作。他在研究創意人士的生活之後發現：「創造力通常來自於跨越領域疆界。」[2] 充滿創造力的人，能看到其他人沒有察覺的關聯，這種能力在一個專業工作可以被公式化，再交付電腦或送往國外的世界裡，尤其顯得可貴。設計師克萊蒙·孟克（Clement Mok）說：「未來十年裡，人們必須跨界思考、跨界工作，涉足和他們原有專業迥異的領域。他們不只需要跨越藩籬，還須找出契機，加以連結。」[3]

> 「我的工作就是辨認模式。我努力在搶在別人前面找出模式。」
> ——凱斯·波拉德（Cayce Pollard），
> 威廉·吉布森（William Gibson）
> 小說《模式辨認》（*Pattern Recognition*）女主角

例如，電腦職缺外移到印度，就為那些能在亞洲工程師與西方客戶之間協調的人，創造了就業機會。這些全腦協調者必須熟悉兩種不同文化，懂得硬梆梆的電腦科學，也具備業務行銷的柔軟身段，並能以外交手腕在想法不同甚至對立的各方間遊走。這類多面向的人才經常能解決專家也束手無策的問題。

「許多工程難題根本不是由工程師解開的，」麻省理工學院的尼葛洛龐帝（Nicholas Negroponte）說：「因為視野比智商更重要。能夠在思考上大躍進，是突破性觀念創始者的共同特徵。通常擁有這種能力的人都是背景多樣、擁有多領域專長、並且資歷廣泛。」[4]

跨界者拒絕接受既有選擇，尋求不同的可能與綜合性的解答。他們過多重生活，做多樣工作，具多種身分。（例如歐瑪·瓦索Omar Wasow，就是在奈洛比出生，具非裔／美國／猶太血統的創意家／政論家／電視評論家。）這些人的出現，解釋了為何有越來越多大學生選擇雙主修，越來越多學校提供所謂「跨領域」課程。

奇克森米海伊也發現了跨界者的另一相關特徵：他們經常跳脫傳統的性別框架。奇克森米海伊的研究顯示「在對年輕人進行的男性化／女性化評量中，創意型女生比其他女生更有支配慾、更強悍，而創意型男生比其他男生更敏感溫和，這類例子層出不窮。」奇克森米海伊認為這些人因而佔有獨特優勢。「心理上雙性傾向的人，等於擁有雙倍的行為選擇，在與外界互動時，可以獲得更多樣更廣泛的機會。」[5]

換句話說，兩百年前英國詩人柯利芝（Samuel Taylor Coleridge）和今日的跨界者都指出了同一項事實：偉大的腦袋，都是雙性的。

發明者

一九七○年代，賀喜食品（Hershey Food）推出一系列趣味電視廣告，正好用來說明右向思考。廣告中，一個傢伙作夢般地吃著巧克力走過來，另一人同樣忘我的品嘗著花生醬漫步，結果撞個正著。

「嘿，你的花生醬掉到我的巧克力上了，」第一個人說。

「嘿，你的巧克力掉到我的花生醬上了，」另一個人說。

接著，兩個人各自品嘗混合的結果。沒想到竟然好吃得不得了。「瑞斯花生巧克力杯，」配音員宣布：「兩種好滋味，合吃更美味。」

右向思考者最能體會這場零嘴創意的驚喜碰撞。他們對於我所謂的「瑞斯花生巧克力杯創意理論」——有時最棒的點子就是把原本就存在但沒有人想過可以速配的東西，放在一起—— 有種天生直覺。就以約翰・菲柏（John Fabel）的例子來說，他是個狂熱的越野滑雪迷，但肩膀常被背包吊帶磨破，讓他苦惱不已。有次他到紐約，經過布魯克林大橋——突然看到問題解答。認知科學家吉爾斯・福克尼爾（Gilles Fouconnier）和馬克・特納（Mark Turner）所謂的「概念融合」（conceptual blending），指的正是這種心理活動：菲柏把吊橋的結構和傳統背包結合起來，發明

出一種背起來更輕鬆的新背包，也就是如今常見的環保越野背包（Ecotrek）。

依靠靈感建立新連結的能力，是右腦的專長。卓克索（Drexel）大學和西北大學的認知神經科學家發現獲知解答前的那道靈光一閃，伴隨的是大腦右半部突然

> 「成功的關鍵是敢於跳脫常規思考。常規是進步的敵人。任何感受能力超過吐司麵包的人，都有發明的潛力。」
> ——崔佛貝利斯（Trevor Baylis），發明家

竄升的大量神經活動。然而，當我們用左向的邏輯方法解決問題時，這個「靈感中心」卻處於休止狀態。[6] 在資訊時代走入歷史的此刻，開啟右腦運作的能力顯得尤其重要。今日商品市場上新產品到消耗品的代謝速度之快，讓企業與員工難有片刻鬆懈。他們必須不斷研發——並將生產執行付諸外包或自動化設備。而除了創新之外，還要懂得堅持，忍受創新過程中必然伴隨的失敗與錯誤。幸運的是，雖然有人存疑，但事實上所有人都具有發明能力。曾發明免電池手搖式收音機的英國前特技演員崔佛・貝利斯就說：「發明並不是深奧難解的魔術：任何人都可以嘗試發明。」多數發明和創新都來自重組現有的事物或想法。願意開發這項潛在整合能力的人，可以輕鬆面對感性時代的來臨。

隱喻家

假設有天你走進辦公室時，老闆對你說：「耳朵借我一下，」從第一章的左右腦分析可知，由於這幾句話的字面意義涉及暴力血腥，左腦必然有些緊張而越過胼胝體向右腦求救。這時，右腦就會叫左腦別大驚小怪，因爲根據說話的時空背景，可以判斷「借我耳朵」只是隱喻罷了。老闆不是要你效法梵谷，只是叫你過去聽他講話。

隱喻——以別的事物來形容一件事——是整合能力的另一重要層面。但就像其他的右向思考能力一樣，它也備受外界打壓。「西方傳統…一直將隱喻拒於理性範疇外，」著名語言學家喬治・拉卡夫（George Lakoff）認爲。隱喻常被歸類爲花邊潤飾——是詩人賣弄風雅的工具，掩飾平庸的詞藻。但事實上隱喻是理智的基礎，因爲「人類的思考過程大半都依賴隱喻，」拉卡夫表示。[7]

在一個日漸複雜的世界裡，熟習屬於全腦能力的隱喻——某認知科學家所謂「富想像力的理智」——變得日益迫切。每天早上我們一睜開眼，就必須應付蜂擁而至的大量資訊。當然有些軟體工具可以幫助我們整理資料、辨認趨勢，但唯有人腦能以類比的隱喻方式思考，看出電腦無法偵測的事件關聯。

同樣地，現今富裕社會渴望的是創新和感人的經驗，隱喻的重要性不言可喻。例如喬治・狄麥斯卓（George de

Mestral）注意到芒刺總是黏在狗毛上，於是運用隱喻想像力，發明了魔鬼沾。[8] 這種聯想，電腦是做不到的。「你創造的每樣東西，都是其他事物的一種體現，按此推論，你創造的每樣東西都因隱喻而更豐富，」編舞家崔拉·沙普（Twyla Tharp）表示。沙普鼓勵大家提升自己的隱喻智商（metaphor quotient），也就是MQ，因為「在創作過程中，MQ和IQ同等重要。」[9]

隱喻另一重要功能，是幫助人們了解彼此。這也就是行銷人員為何要在原有量的分析之外，再加上質的研究，好深入顧客以隱喻思考的內心。[10] 例如哈佛大學商學院教授札特曼（Gerald Zaltman）

> 「隱喻是所有藝術的原動力。」
> ——崔拉·沙普

就開發了一套能補充問卷與焦點團體（focus group）不足的市調方法。他請參與調查的消費者交出一張圖片來傳達他們對特定產品／服務的感受，然後再將這些圖片合併拼貼。透過此種方式，札特曼蒐集到消費者心中對產品的隱喻聯想——如咖啡是「引擎」、保全設備是「貼心看門狗」等。

瞭解隱喻的好處絕不止此。拜通訊技術進步、旅遊平民化和人類壽命延長之賜，今日我等對外接觸之廣泛與多樣，在人類史上前所未見，而隱喻在建立相互理解與溝通

文化差異上，具有重要的功能。最後一點──可能也是最重要一點──是隱喻協助我們尋找事物意涵的功能。富裕帶來的物質滿足，終究不如你我的人生觀來得重要──例如把生命看成「旅程」的人，過起日子來就和把生活視爲「勞役」的人大不相同。「自我認識的過程，」拉卡夫說：「其實有一大半就是在尋找足以解釋個人生命的適當隱喻。」[11] 因此，越瞭解隱喻，就越瞭解自己。

綜觀全局

任何交響作品中，作曲家和指揮家都身兼多項職掌，像是要控制銅管和木管的音色和諧，或是確保打擊樂器的音量不至壓過中提琴。但協調樂器之間的關係固然重要，卻不是作曲家與指揮家的最終目標，他們追求的──也是區隔經典與泛泛之作的關鍵──是融合這些關係，讓整體效果超越個體總和的能力。屬於高感性的「整合」能力亦如此。跨界者、發明家、隱喻家都了解關係的重要，但感性時代需要的是掌握**關係之間的關係**的能力。這項後設能力的稱謂很多──「系統思考」、「全形思考」、「整體思考」等都是。我個人則偏好直接叫它「綜觀全局」。

綜觀全局正快速成爲殺手級的職場能力。在過去，知識工作者只執行片段程序，平日管好個人領域即可，如今

這類工作逐漸外移海外，或被整併為軟體功能，於是企業的徵才項目便改為那些無法交付電腦或海外勞工的工作，也就是憑眼光或創意化零為整的能力。此一趨勢從創業家和成功企業人士的身上，就可獲得印證。

舉例來說，最近的一項傑出研究顯示，在白手起家的富豪當中，罹患閱讀困難症的比例是一般人口的四倍。[12] 這是什麼原因？閱讀困難症患者不善於線性、循序、文字推理的左向思考，但就像盲人培養出敏銳的聽覺一樣，閱讀困難症者也因為一部分的障礙，培養出另一部分的過人能力。正如專研閱讀困難症的耶魯神經科學家莎莉‧謝維茲（Sally Shaywitz）所說：「閱讀困難症者的思考方式與常人不同，他們直覺靈敏，善於解決問題、綜觀全局，和切入重點…他們不善照表操課，卻很有遠見。」[13] 商場上開創新局的人物，如首創折扣券商的希瓦伯（Charles Schwab），和為唱片零售業與航空業注入新氣象的布蘭森（Richard Branson），都自承閱讀困難症是成功因素之一，因為這迫使他們必須往大處著眼。由於不善處理細節，他們相對培養出觀察趨勢的眼光。研究過各種創業人士的麥可‧葛柏（Michael Gerber），也獲致類似結論。「所有偉大的創業家都是『系統式思考者』。任何嚮往成功創業的人，都需要學習『系統式思考』…開發擘劃全局的潛在熱情。」[14]

> 「發明輪子的那傢伙是個笨蛋，發明其他三個輪子的人，才是天才。」
>
> ——席德·西撒（Sid Caesar）

就算是無意拓展事業版圖的一般人，也需要掌握趨勢觀察——亦即理解關係之間關聯的能力，這點可從學術研究和社會實例中獲得佐證。丹尼爾·高曼在一項針對企業主管的調查中寫道：「僅靠一項認知能力就足以區別明星主管和普通主管，那就是趨勢判斷——亦即讓領導人從大量紛雜資訊中辨識重要趨勢，據以策劃未來的『全局』思考能力。」[15] 高曼發現這些明星主管「較少依賴因果式的推論」，反而常用屬於「整合」能力的直覺、全局思考。此一變遷讓部分典型左向專業人士開始著手改造形象，如西雅圖就出現一名「全方位律師」史黛芬尼·昆恩（Stefani Quane），她提供從遺囑、信託，到家庭事務的整合服務，強調整體而非單獨考量，從客戶一生需求的角度來衡量法律建言。

越來越多企業僱主在尋找具有整合能力的員工。席尼·哈曼（Sidney Harman）就是其中之一。這位年逾八十、家財萬貫的音響零件廠執行長表示，MBA在他看來不算什麼寶貴人才。

我對他們說：「去找些詩人來當主管。」詩人是最早的系統思考者。他們觀察萬物，感受詮釋的衝動，於是賦

詩作詞，讓讀者體會天理運行。這些以往被忽視的系統思考者，才是真正的數位思想家。我相信新一代的企業領袖必將從詩人中誕生。[16]

　　綜觀全局的能力當然不止應用在商場與職場。屬於「整合」層面的這項能力，也攸關醫療健康。就以日漸流行的輔助療法（complementary therapy）與整體醫學（holistic medicine）來說，前者結合西方醫學與另類療法和輔助偏方，後者強調治療身心靈而非單一疾病。這些醫療趨勢——從科學出發但不侷限於科學左向思考——已經獲得主流接納，包括國家衛生研究院都成立了相關部門。這些療法超越了西方傳統醫學的解析、制式手段，而採取整合「所有健康層面，包括身體、環境、心理、情緒、心靈，和社會整體健全的觀點，從而治療我們的身體和整個大環境。」[17]

　　綜觀全局最大的潛在功效，或許是為我們解決伴隨物質富庶而來的憂慮煩惱。現代人被時間追趕、被資訊淹沒，面對太多選擇而無所適從。這些文明宿疾的最佳解藥就是以開闊、全局的角度來看待生命——區隔出真正重要，和無關宏旨的事物。在本書最後一章，我們將發現在追尋意義的過程中，特別需要這種以人生所有可能性為前提，清楚看待自我生命的能力。

　　繪畫課最後一天，是一週課程的最高潮。午餐後，我們大家把小鏡子黏在牆上，將椅子挪到八英呎外的地方，開始二度嘗試自畫像。布梅斯勒警告我們鏡子裡隱藏的陷阱。「我們一直都用鏡子來妝點自己面對外界，現在你必須忘掉那個觀點，專注於形狀、光線，和相對關係，」他說：「你要觀察的是你的臉此時此刻的模樣。」

　　我在午餐時就換上了隱形眼鏡，免得要畫鏡框的陰影。有鑑於第一次自畫像的表現，這回我不想再冒任何風險。我從眼睛開始畫起——認真的觀察，看它們的形狀，看眼珠和眼白的交界，確認兩眼間的距離正好和眼睛寬度一樣。不過我的鼻子卻讓我難以下筆——部分是因為我一直「想」著鼻子的樣子，而不是去「看」臉上的實物。我先跳過這部分——之後很長一段時間，我的自畫像都是中間空著一塊，就像個斷鼻而非斷臂的米羅維納斯雕像（Venus de Milo）。等到畫嘴巴時，我畫了又擦，因為怎麼看怎麼像那個奇吻招牌，前前後後畫了九遍，直到我畫對為止。至於頭形，倒是手到擒來，因為我只要用橡皮擦出周圍的負空間即可。

　　神奇的是，素描本上的人臉，竟然慢慢開始有點神似我此刻的模樣。布梅斯勒過來察看進度，碰了碰我的肩膀，輕聲讚道：「畫的太好了。」我差點相信他是真心的。完成最後修飾的那一刻，我突然發覺自己稍微能夠體

會神勇媽咪用力推開汽車救起自己的孩子，之後懷疑自己
哪來力氣的那種感受。

我完成了。在看出事物彼此關係，又匯整關係融入全
局之後，這，就是我的自畫像。

練 習 簿

設計

故事

整合

同理心

玩樂

意義

聆聽交響樂

聽交響樂，是培養「整合」能力的好方法之一，而這五首是專家推薦的經典作品。（當然不同的錄音版本因為指揮家和樂團不同，風格、詮釋和音質也有差異。）

貝多芬第九號交響曲——大家耳熟能詳的知名曲目。其中的「快樂頌」大合唱更是百聽不厭。我發現每次聽這首曲子都有新的領會——有部分是因為當時的時空背景，改變了聆賞感受。

莫札特第三十五號交響曲「哈夫納」——注意莫札特在結

尾時加入木管，營造出超越個體累加的整體效果。

馬勒G大調第四號交響曲——我不認為馬勒作這首曲子的目的是為了激勵人心，但他的第四號交響曲總能讓我感動。

柴可夫斯基一八一二序曲——經常被點播的曲目。不過這次請找一張收錄真實教堂鐘聲和砲聲的版本——傾聽各種聲音如何相互融合為一。

海頓G大調第九十四號交響曲「驚愕」——想要真正掌握「整合」的能力，必須學會接受意外驚奇。聆聽時，注意海頓如何運用突如其來的音響，增加曲子的深度廣度。

雜誌大採購

　　我個人偏愛的概念融合活動之一，是逛書報攤。無論思考遇上瓶頸，或想要汲取新觀念，都不妨到大型書店裡的書報區找靈感。先花二十分鐘瀏覽——挑出十本你從沒讀過、從沒想過要買的刊物。請注意，是買那些你平時忽略的雜誌，這才是關鍵。接著花點時間把它們看過一遍。你可以不必每頁都讀，重點是瞭解雜誌的主題，還有它的讀者在想些什麼。把你的心得應用到工作或生活上。例如我自己做這項練習時，就從《蛋糕裝飾》雜誌上找到修改

名片設計的靈感，又因為《髮型設計》上的一篇文章，想到該怎麼動筆寫我的下一篇專欄。但附帶警告：當你帶著《露營車生活》、《少年星球》、《離婚指南》雜誌回家時，小心你的另一半對你投以異樣眼光。

繪畫

　　學畫畫，是拓展「整合」能力的蹊徑之一。我自己從學畫當中瞭解到繪畫就是辨認關係——再將關係構築為整體。我個人偏好貝蒂‧愛德華茲的繪畫教學方式，因為親身體驗之後受益良多。布梅斯勒（和其他採用愛德華茲理論的繪畫老師）一年開課十二次，教授前文提及的繪畫課程。如果你能撥冗參加，五天課程絕對值回票價。如果你無法親自上課，愛德華茲和布梅斯勒合力製作的《用右腦作畫》（*Drawing on the Right Side of the Brain*）錄影帶也不錯，或是到書店購買愛德華茲的同名經典著作。（詳情可上網www.drawright.com）至於有些好奇但沒耐心的讀

者，可以試試五筆自畫像——就是只用五條線畫出你的肖像。這是一個很好的練習，且趣味十足（詳情可上網 www.the5line.com）。在此附上個人作品之一。

隱喻日誌

記下看到或聽到的有力隱喻，可以增加你的MQ（隱喻智商）。只要連續試個一星期，就能體會這項練習的好處。隨身帶著小筆記本，當你讀到報紙社論說：政治領袖的腦袋已被民意調查「殖民」，或你的朋友說他不覺得「落地生根」的時候，隨手把這些隱喻記錄下來。我自己嘗試之後發現，各式各樣的隱喻讓世界變得似乎更加生動多彩。你也將因此獲得寫作、思考的寶貴靈感。

靈感看板

當你著手進行一項專案時，先把你的佈告欄清空，把它當作靈感看板，每次發現令你感動的東西——一張照片、一塊布料、雜誌圖文——都把它釘在看板上，不久之後你就會看出影像之間的關聯，可供作為專案題材。時裝設計師很早就開始運用看板來拼貼影像，好拓展視野和靈感來源。你也可以這麼做。

讀書時間

五本有助於開發「整合」能力的好書：

《腦內交響曲》（*Beethoven's Anvil: Music in Mind and Culture*），威廉・班宗（William Benzon）著——深入探討人類腦部處理音樂的方式，尤其是音樂觸動大腦所有部位，牽引全腦思考的特性。

《十倍力》（*Powers of Ten*），查爾・斯伊姆斯與蕾伊・伊姆斯（Charles and Ray Eames）著——由知名設計夫妻檔製作的翻頁書，總共七十六頁，每一頁都是一張圖，比例是前一張圖的十倍。書的第一頁是從一千萬光年以外的地方遠眺地球，之後每翻一頁距離更近一些，最後鎖定在芝加哥湖畔野餐的一名男子——進入他的皮膚，皮膚上的一個細胞，細胞上的DNA，一直到一粒質子為止。

《隱喻生活》（*Metaphors We Live By*），喬治・拉卡夫（George Lakoff）與馬克・強生（Mark Johnson）著——此書精簡易讀，是以思想程序角度探討隱喻的最佳著作。

《零垃圾》（*No Waste*），馬迪裘創作實驗室（Laboratorio De Creacion Maldeojo）——廢棄自助餐鐵盤改造的電視天線，空塑膠瓶罐組成的玩具車，這些都是在古巴街頭拍攝的廢物利用景象，升斗小民的創意盡在書中蒐羅呈現。組

合式思考的驚人展現。

《如何看：人爲環境閱讀引導手冊》（*How to See: A Guide to Reading Our Man-made Environment*），喬治・尼爾遜（George Nelson）著——七〇年代中期出版，二〇〇三年又重新印行，這本書教讀者如何更用心看周遭世界，在事物間找到關聯，以更宏觀的角度看待人類創造的東西。

業餘專家

　　我對我不擅長的事特別在行。

　　在陌生處境下還能自得自信，已經成爲我的專長。我無懼於採取行動，聽從我的直覺，去學習，去體驗，即使我可能犯錯。

　　如果想過有創意的生活，就去做你不會做的事，體驗犯錯的美妙。

找出負空間

　　負空間是我們常忽略的全景觀點之一，所以必須訓練你的眼睛把它們找出來。當你在外頭逛街或翻閱雜誌時，試著觀察物體之間、物體之外、和物體周遭的空間。發掘

負空間可以改變你對外在環境觀感——也會讓正空間更為清晰明朗。它還能帶來驚喜，例如賀喜巧克力（Hershey's Kisses）的包裝上，就可以發現一個有趣的負空間圖案，你看到了嗎？

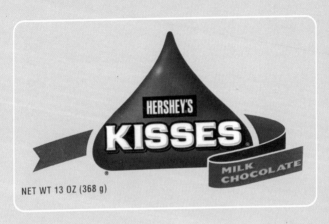

以上由自封「業餘專家」的設計師馬賽・旺德斯（Marcel Wanders）提供。（詳情可上網www.marcelwanders.com）

7

不只講邏輯，還給關懷

昨天忙翻了。從起床那一刻起就沒停過，先是拼命趕出即將截稿的案子，然後推掉一個難纏的新案子，不一會兒又要對付家裡七歲的感冒病童、五歲的掉牙小孩，和十八個月大正在做杯盤落地實驗的小頑童。下午運動時間，我慢跑五英哩，匆匆吞下晚餐後，回到辦公室，又工作了幾個小時，直到累得無法專心為止。晚上十點左右，我帶著一身疲倦上床，卻怎麼也睡不著。嘗試拿本書來看，再睡。還是不行。於是在凌晨一點時分，我下樓，倒了杯酒喝，攤開昨天的報紙來看。然後又倒了第二杯。看第二份報紙。兩點十五分，我回到樓上，繼續跟睡神搏

鬥。終於，在凌晨三點零六分之後的某個時間，我入睡了，因為那是我在床邊鬧鐘上看到的最後數字。

大約三個小時後，一歲半頑童從搖籃裡起身，開始呼喊每天清晨例行的吃奶號。到了七點，整棟房子已經陷入早晨的瘋狂混亂中。早上八點，我又進了辦公室，坐在這兒面對更多的截稿期限。我好累，真的好累，事實上，我剛剛才打了個呵欠，想到接下來一整天的工作，我又打了個呵欠。雖然灌了三杯咖啡，但只要給我三十秒，我就能睡得不省人事。可是現在不能睡，太多事情要做，所以我打起精神──一邊又打了個呵欠。

且慢，在剛剛這段時間裡，你有沒有打呵欠？如果有，你可能天生擅長接下來要討論的這項重要能力──「同理心」。（如果沒有，那意味著你可能需要比我這個過勞失眠者更悲慘的遭遇，才要觸動你潛在的同理本能。）

同理心是把自己想像成他人，設法揣摩對方感受的能力。這是一種站在別人立場，以對方角度看事情、感受事物的能力。同理心是發自內心的；是本能的行為，而非思而後行。不過同理心並非同情心，換句話說它不是**為別人**感到難過，而是感同身受──去感覺他人內心的感受。同理心是想像力的高度展現，可說是最極致的虛擬實境──進入旁人的心智，體驗他／她所面對的世界。

由於必須把自己想像成別人，同理心必然牽涉一定程

度的模仿，這也是爲何部分讀者剛才會打呵欠的原因。根據卓克索大學認知神經科學家普拉提克（Steven Platek）的說法，傳染性呵欠很可能是一種「原始同理機制」。[1] 他在研究中發現，會跟著別人打呵欠的人，接受同理心測驗時的分數也較高。這類型的人——顯然包括部分讀者——因爲太投入他人的感受，以致忍不住要模仿對方舉動。

同理心極爲重要，它幫助我們攀上了演化階梯。如今人類高度進化，成爲萬物之靈，它依舊在我們日常待人接物中不可或缺。同理心讓我們看到事情不只有一面，促使我們主動安慰不幸之人，同時壓抑幸災樂禍的衝動。同理心能增進自覺、消弭親子代溝、促進職場和諧，並充當道德的基礎。

但同理心在資訊時代並沒有得到應有的重視——就像其他高感性、高體會能力一樣。在一個要求冷

> 「領導力就是同理心。有領導力的人能揣想他人感受，激起共鳴、激勵人心，並賦予他人生命意義。」
> ——歐普拉・溫佛瑞

靜理性的世界裡，它常被視爲婆婆媽媽的枝微末節。要貶低或是反駁一個論點，最有效的方法就是說它很「濫情」。不信的話，看看美國前總統柯林頓因爲一句「我能體會你的痛苦」而受到的輿論抨擊，就是明顯例證。有些人覺得柯林頓虛僞，但更露骨的批評是認爲柯林頓說這句

話有失總統身分，甚至有點娘娘腔。美國人納稅養總統是
要他發揮理性，而非感性——期待他治國平天下，而非與
民同悲。至少過去很長一段時間是如此。在知識工作者和
高科技產業的時代，客觀與理智是優秀的代名詞——能夠
超然評估情勢，不受情感左右地做出決策。但就像諸多其
他左向思考能力一樣，我們也開始看出這種單一價值觀的
缺失與不足，丹尼爾‧高曼在他的《EQ》一書中（正好
是在柯林頓發表那句痛苦名言前後出版）昭示了這項轉
變。高曼認為情緒的表達和控管，要比傳統智識技能還要
來得重要——此一訊息對世人猶如暮鼓晨鐘。

　　然而十年後，感性時代的到來讓轉變更加速蔓延。高
曼寫書當時，網際網路才剛起步，第二章裡那些印度程式
設計師還在讀小學。但今天，低廉的網路費用加上海外不
斷竄起的知識工作者，讓高IQ能力變得容易取代。而在前
面幾章中我們已經看到，這代表其他難以被取代的能力相
形之下更為搶手。而電腦不可能模仿、海外勞工也很難透
過網路提供的技能之一，就是同理心。

「面」對未來

　　《物種起源》（*On the Origin of Species*）問世後十三
年，達爾文在一八七二年出版了另一本震驚維多利亞社會

的著作。這本書是《人與動物之表情達意》（*The Expression of the Emotions in Man and Animals*）——達爾文在書中提出幾項爭議性論點，但其中最引人側目的，是達爾文聲稱所有哺乳類動物都有情緒，而牠們表達情緒的方式之一，是透過臉部表情。一隻臉帶憂鬱的狗兒可能是因為心裡難過，就像人皺起眉頭，是表示不悅一樣。

達爾文這本書上市時，造成不小騷動，但在接下來一個世紀裡，卻逐漸無人聞問。當時的心理學界和科學界認為，情緒固然是透過臉部傳達，但表情卻是後天學習，而非天生就會的。不過在一九六五年，保羅·艾克曼的研究讓此一觀念有了轉變。今日享譽學界的艾克曼，當時只是個年輕的美國心理學家。他走訪日本、阿根廷、巴西、智利等國，拿出各種表情的照片給當地人看，結果發現亞洲人和南美洲人對表情的詮釋，與美國人並無二致。這激起了艾克曼研究的興趣。起初他猜測，各地方人對表情解釋相同，或許是電視和西方文化入侵的影響。於是艾克曼跋涉到偏遠的新幾內亞高地，拿出同樣一組表情照片給從沒看過電視，甚至沒見過西方人的部落居民看，結果這些人對臉部照片的反應，依然與先前受測者相同。艾克曼因而獲致一個驚人結論：達爾文的論點是正確的，表情意涵確實是普世通用。眉毛上揚無論在紐約曼哈頓、南美阿根廷，還是新幾內亞高地，都代表驚訝。

　　艾克曼大半研究生涯都投入對表情的相關研究。我在第一章腦部掃瞄時看的照片，就是他製作的。他的研究成果對於本章探討有著極大助益，同理心和情緒的關係密切，因為展現同理心就是去感受他人的情緒。但情緒往往不是透過左向管道表露。「人的情緒很少形諸語文，多半透過其他方式傳達，」高曼寫道：「理智屬語文模式，情緒屬非語文模式。」[2] 而情緒的展示櫥窗，就是臉部。人的臉上有四十三條細微肌肉，牽引我們的嘴巴、眼睛、雙頰、眉毛、和前額，足以傳達各種人類情感。由於同理心主要牽涉情感，而情緒感受又不是透過語文表達，因此要進入他人的心房，就必須從別人的臉色看起。

　　從第一章我們知道，詮釋他人表情是右腦專長。當我看到情緒誇張的人臉（相對於驚險的場景）時，功能磁振造影顯示我的右腦反應比左腦強烈許多。「人類無論表達或觀察情緒，主要都是經由右腦，」喬治華盛頓大學神經科學家萊斯塔克（Richard Restak）說。而根據一項薩塞克斯大學（University of Sussex）的研究，這也是為何大多數女性無論左撇右撇，都習慣把嬰兒抱在左邊的原因。因為嬰兒不會說話，想知道他們在想些甚麼只能透過他們的表情猜想，這需要動用右腦，於是我們就很自然地轉向左邊。（第一章曾提過大腦是交互對稱的。）[3] 右腦受傷的人，在辨識他人臉部表情時有很大障礙。（部分右腦功能

失常引起的自閉症病例，也有同樣的問題。）相反地，左腦——也就是通常負責處理語文的部位——受傷的患者，常常比一般人還要善於看人臉色。例如艾克曼和一位麻州綜合醫院（Massachusetts General Hospital）心理學家南西・艾特考夫（Nancy Etcoff）都發現，多數人判別謊言的能力都差勁得令人吃驚。普通人若嘗試透過表情和語調來判斷他人是否說謊，正確率和亂猜的差不了多少。但失語症患者——因為左腦受傷導致語文能力受損的人——卻極擅長偵測謊言。艾特考夫發現，透過觀察臉部細微變化，這些患者辨識謊言的正確率高達七成以上。[4] 何以如此？因為他們缺乏部分溝通管道，造就他們在其餘——更有效的——管道上，敏銳超乎常人。

感性時代讓這個情緒化卻更有效的溝通管道，地位更形提昇。為電腦添加情緒智商，是幾十年來科學家努力的目標。但即使是「情感運算」領域的一流專家，也不曾有太大進展。今日電腦連辨識人臉都不太準確——更遑論臉部細微表情了。電腦的「數學能力極為強大，」麻省理工學院的羅沙林・皮卡（Rosalind Picard）說：「但一談到與人互動，電腦就形同自閉症患者。」[5] 語音辨識軟體可以解譯說話內容——例如命令電腦「儲存」和「刪除」，或在語音訂票時要求「靠走道」或「靠窗」。但即使是地球上最強大的軟體也無法判知人類情緒。部分新式軟體逐漸

> 「只依賴邏輯、哲學和理性思維的人，心智將大半飢渴無著。」
>
> ——葉慈（William Butler Yeats）

能察覺情緒的「存在」，如某些客服專線語音軟體可以偵測說話語調、時機，和音量變化，若有劇烈起伏則暗示客戶可能心生不滿。但這時軟體怎麼處理呢？把電話轉給真人接聽。

上面的例子正是感性時代的職場寫照。可以簡化為公式的工作——包括可以寫成程式和可以交付海外勞工的作業——不太需要同理心。這些職缺將逐漸從美國、加拿大、英國等地消失。而留下來的工作將比以往更著重人際互動層面的能力。了解這點，就不難體會為何在史丹佛商學院，學生們要一窩蜂選修私下被戲稱為「濫情課」的「人際研究」了。再不然，來看看通常不以情緒能力著稱的律師行業。現在許多基本的法條研究，都可以由其他英語國家的律師代勞；另外，如第三章所提到的，軟體和網站服務，也取代了許多曾是律師禁臠的諮詢服務。這麼一來，還有哪些律師能夠生存？答案是：那些站在客戶立場，了解客戶真正需求的律師；那些能坐在談判桌前，了解言語之外檯面下訊息的律師；以及那些能觀察陪審員神情，隨即解讀勝算的律師。這些同理心相關能力原本就是律師的重要條件——如今更是任何工作崗位上突顯個人優勢的關鍵因素。

但同理心並不只是二十一世紀的一項重要職業技能，它還是一種生活態度。它是人類相互理解的工具，甚至跨越了國家和文化——達爾文和艾克曼的研究已經證明這點。同理心讓人與眾不同，同理心帶來喜悅快樂，等到第九章我們還將發現，同理心是創造生命意義的重要來源。

同理心並非不能後天加強，而解讀表情的能力更是所有人都可自行鍛鍊的。艾克曼在多年研究中編製了一套臉部表情圖鑑——幾乎囊括各地人類用來傳達情緒的所有表情。他發現有七種人類基本情緒，具備明確對應表情——忿怒、哀傷、恐懼、驚訝、厭惡、輕蔑，和快樂。這些表情有時顯而易見，有時不易察覺，像是艾克曼所謂的「輕度表情」（slight expression）——通常代表初生的情緒或刻意隱瞞的感受——還有「局部表情」（partial expression）、「微表情」（micro expression）——指在五分之一秒內一閃而逝的表情，代表「對方刻意想要隱瞞內心感受。」[6] 艾克曼曾經開班教授表情解讀，學生包括調查局、中情局、和緝毒幹員，還有警察、法官、律師，甚至插畫家、動畫人員都來向他請益。現在，我就要傳授你艾克曼辨識表情的技巧之一。（本章之後的練習簿將告訴你如何學習更多技巧。）

我一向討厭虛假的笑容——但我也從來無法斷定到底

別人是因為我的幽默而笑，還是無奈的客套。不過現在我會判斷了。發自內心的微笑，是艾克曼所謂的「杜湘微笑」，這是因為法國神經科學家杜湘（Duchenne de Boulogne）曾在一八○○年代，率先對此一領域進行研究。誠懇的笑容動用到兩組肌肉：（一）大顴肌，從顴骨延伸而出，讓嘴角上揚；（二）眼輪扎肌，環繞雙眼，負責「將眉毛及眉毛下方皮膚往下拉，將雙眼下方皮膚往上扯，拉高顴骨。」[7]

虛偽的笑容只牽動大顴肌，因為我們只能控制這條肌肉，而無法指揮眼輪扎肌的動作。後者是自發性收縮的——而且只有當我們真心開懷時才會作用。杜湘在研究中稱：「當人真心感到愉悅，表現在臉上是大顴肌和眼輪扎肌兩組肌肉同時收縮。前者可以隨意控制，後者只有情感飛揚時才會被牽動。」[8]

換句話說，判別真笑還是假笑，看眼睛就知道了。如果眼輪外圍肌肉沒有收縮，就是皮笑肉不笑。

這裡有個範例——我的笑容寫真。

　　你能判斷哪一張是硬擠出來的笑容，哪一張是我聽到老婆說笑後的真實反應嗎？這有點難，但如果你仔細看我的眼睛，就會找到答案。第二張照片，是我真心的微笑，我的眉毛稍微降低了一些，眼睛下方皮膚稍微拉高了一些，雙眼稍微瞇緊了一些。事實上，如果你把眼睛以外的地方都遮起來，就很容易判斷了。杜湘微笑是不能假造的；同樣地，雖然同理能力可以改善，但同理心也不可能假裝。

醫療新趨勢

　　同理心並非獨立存在的能力。它和前述三項高感性、

高感受能力相互依存。同理心攸關「設計」能力，因爲好的設計師會把自己想像成產品或服務的使用者。（本章練習簿就有一項活動是由設計師所提供。）同理心也和「整合」相關——因爲具同理心的人了解背景的重要性，能夠看到對方的整體需求，就像系統思考者能綜觀全局一樣。另外，「故事」能力也需要同理心。醫學院針對「敘事醫學」開課，驗證了聽故事是展現同理心的方式之一——尤其對醫生更是如此。

> 「相信你的直覺，就像釣魚一樣。」
> ——保羅·賽門（Paul Simon）

但同理心對醫療行爲的影響還不僅止於此。幾位醫界領袖已經開始呼籲醫護人員改變執業態度，如醫德研究學者喬帝·哈普恩（Jodi Halpern）就倡議從「超然轉爲關懷和同理心」。這些醫界耆宿認爲，客觀的科學態度並非不正確，只是不足夠。如前所述，今日醫療行爲已邁入標準化——簡化爲一套診斷與醫療的固定公式。雖然部分醫師批評這種診治方式是「按表操課」，但其實它也有不少優點。這些診治公式匯集了數百、甚至數千案例的醫療經驗，讓醫護人員不必每一個病例都從頭摸索起，而不可否認的事實是：這類的工作有部分可轉交電腦處理，但電腦唯一不能做的——別忘了，電腦在人際關係上很「自閉」——就是同理心的部分。

　　同理心在醫療過程中，可以發揮關鍵作用。舉個例子，幾年前有兩名美國郵務人員到不同兩家醫院，吐訴類似症狀。其中一人告訴醫生他全身痠痛不適，懷疑自己可能感染了炭疽菌，因為不久前他的工作地點曾發現炭疽粉末。醫生隨即致電公共衛生部門查詢，對方表示炭疽粉末並未造成威脅，不需使用抗生素，這位醫生就聽從指示，叫這名郵局員工回家吃點止痛藥即可。幾天之後這名病患死了──死因正是感染炭疽菌。而在此同時，另一位郵局員工也前往相距不過幾哩外的一家醫院急診室。替他看病的醫生（並不知曉上述案例）檢查之後，懷疑他有肺炎現象。但病患表示工作地點曾經出現疑似炭疽粉末，醫生於是決定深入檢驗，同時由於放不下心，這位女醫生雖不認為是炭疽作怪，卻還是開了專治炭疽的抗生素西普羅（Cipro）給病患，以防萬一。不只如此，她還改變讓病患返家的初衷，要求留院觀察，同時接受傳染病學專家的診斷。結果證實，這名郵局員工確實染上炭疽。這起案例顯示出，由於這位女醫師發揮同理心，運用傾聽和直覺、懂得打破規範，才救回了一條人命。「我只是儘量聽病人說話，」她告訴《華爾街日報》：「他說：『我很清楚自己的身體，這次真的不對勁。』」這位醫師揣摩他人感受的直覺，也就是同理心，讓這位病患撿回了一命。

　　「醫生展現同理心的方式，除了正確描述病患的感

受，還包括說話的時機、語調、停頓，以及對病患情緒的整理細心考量，」哈普恩說：「同理心可以搭配客觀專業、科技設備和其他醫療工具，合力做出正確診斷。」[9]而隨此醫療觀念生根，同理心在醫藥專業的地位也與日俱增，催生出更多類似那位急診女醫生的醫護人員——兼具超然的專業，和感性的關懷。

負責美國醫學院評等的機構，現在已經把實習生溝通和關懷的能力，列入評分考量。這個動作表面上沒甚麼，但在極左傾向的醫學界裡，卻是個重大轉變。另一方面，美國各地醫學院輪流邀請舞台劇演員梅根・柯爾（Megan Cole）前往開課，教導學生「同理心技巧」（Craft of Empathy）。她在課堂上告訴這些未來醫生，如何辨識和運用臉部表情、語調，和身體語言，來協助理解病患問題與表達關懷。凡德比爾大學（Vanderbilt University）醫學院的學生都要上課學習如何解釋醫療失誤——以及如何道歉。[10]第三章提過的費城傑佛遜醫學院甚至開發出一套相關評比——也就是「傑佛遜醫師同理量表」（Jefferson Scale of Physician Empathy, JSPE）。

雖實施時間不長，但同理量表已帶來不少讓人玩味的結果。例如在此測驗中分數高的醫生，一般來說臨床照護的分數也較高。換句話說，在其他條件相同之下，病患接受具同理心的醫生照顧，復原的機會要比碰上態度超然的

醫師來得大。不但如此，同理量表的分數高低也和醫學院入學考試（MCAT）以及執照考試成績無明顯關聯——換句話說，傳統的醫師能力評量測驗，似乎不能預測實際的診治能力。[11] 另外，進一步研究哪些人分數高（以及那些人分數低），也得到有趣的發現。女性的同理測驗分數通常比男性高，而特定類型的醫護人員也比其他類型來得高。例如護士通常分數很高——比臨床醫師高得多。[12]

同理心在醫療領域逐漸受到正視，正可解釋護理人員成為感性時代明星職業的潮流走向。當然，護士的工作並不僅止於關懷，但他們所擅長的高EQ照護，正是無法外包或交付自動化的工作類型。孟加拉的放射科技師也可以判讀X光片，但同理心——撫慰、照顧與關懷——卻是不可能經由光纖電纜傳送的。隨著先進國家人口老化，對護士的需求也快速激增。未來十年，護理工作將佔美國新增職缺人數的首位，全美各地醫療單位預料將再增加一百萬名護士。[13] 雖然目前從事護理工作者常抱怨工作超時，一名護士必須照顧太多病人，不過他們關懷病患的能力使他們備受敬重——薪資報酬也隨之升高。根據一項蓋洛普年度調查，護士長期都被視為最具誠信道德的職業——薪資成長速度也在各行業中名列前矛。[14]

同理心的地位提升，甚至影響到父母對兒女的期待。最近一項針對澳洲資訊產業主管的調查發現，有九成的人

表示**不會建議**孩子從事左向領域的軟體工作。相反的，這些經理階層爸媽「寧願我的兒女選擇護理工作，」在雪梨一家通訊公司上班的詹姆士‧麥可表示：「因為無論本地或全球，都鬧護士荒。」[15]

男女不同

誰比較有同理心？男人還是女人？政治正確的答案當然是既非女人亦非男人，而是看個人，不能光從性別判斷。大致說來，這樣的觀點沒錯，但也有越來越多的研究顯示，政治正確的觀點是不正確的。譬如有數十項研究結果發現，一般女性在辨讀表情和偵測謊言方面，優於男性。[16] 甚至早從三歲開始，女孩就比男孩善於推測別人心中想法和感受。[17] 心理學家大衛‧梅爾斯（David G. Meyers）在相關研究中做了這樣的結論：

在調查中，女性受測者自稱有同理心、能與旁人同悲喜的比例，遠高出男性。同樣的性別差異也出現在客觀觀察結果上，不過差距較小。女性聽聞他人不幸而哭泣或心情難受的比例，比男性來得稍高。此一差異有助於解釋為何男女均表示：他們與女性的友情，要比和男性之間的友情來得親密、愉快，且貼心。當我們渴望關懷和瞭解時，

不管男女都傾向找女性吐訴。[18]

　　劍橋大學心理學家席蒙・貝倫柯漢（Simon Baron-Cohen），對此性別差異自有他的一套理論。他在二〇〇三年出版的《基本差異》（*The Essential Difference*）一書中開宗明義：「多數女性大腦天生適合感受他人悲喜，而多數男性大腦天生適合推理和系統建構。」[19]

　　貝倫柯漢隨即補充，並非所有女人都有「女性大腦」，也不是男人就一定有「男性大腦」。[20] 不過他舉了諸多例證來說明他的中心主張：較多男性擁有系統思考的大腦，而較多女性擁有同理思考的大腦。貝倫柯漢發現，這兩種思考方式的差別很令人玩味：「系統思考的特色是明確、重視各部細節，」以及不因時地改變的固定法則。他說：「系統化的必要條件，是超然。」[21]（貝倫柯漢稱自閉症患者為大腦「極端男性」的例子。）

> 「人類最大天賦，就是具備同理感受的能力。」
> ——梅莉・史翠普（Meryl Streep）

　　但同理心就不同了。「要發揮同理心就必須拋棄超然，和對方發生一定程度的情感連結，才能體認對方是有感覺的人，而非冷冰冰的物體，並讓對方的情緒感染到你的情緒。」貝倫柯漢認為，同理心的「特性包括不精確

（他人心理狀態不可能明確掌握，最多只能推測）、重視整體要旨（例如揣摩對方對旁人事物的觀感），以及背景（對方的表情、聲音、動作與過去行為都是推測其心理的重要依據），同時不期待一致性（昨天讓她高興的事情，明天不見得還會如此）。」[22]

再回頭讀一次這段描述，貝倫柯漢口中的男性大腦，聽起來有點像左向思考，而他所謂的女性大腦更是像極了高感性、高體會的右向思考。（這兩種思考方式似乎也分別契合稍早提到那兩位治療炭疽病的醫生——而其中之一剛好就是男的，另一位正好是女性。）

這是否意味著我們必須喚醒大腦中女性的那一面——尤其是那些毛濃體碩，渾身陽剛味的人？沒錯，但這不代表我們必須否定系統思考的那部份。同理心既不反智，也不是通往智識的唯一途徑。某些場合，必須保持超然，但有些時候，卻需要體察他人感受。想要活得精采，必須懂得適時在兩者間切換。從過去幾章我們已經一再看到，感性時代需要的是雙性思考的人才。

練　習　簿

設計

事計

故事

整合

同理心

玩樂

意義

測一下

　　心理學家開發出各種測試來評量同理心與其相關能力，其中很多可在網路上免費取得——也不失為取得這方面知識和了解自我的趣味管道。但在做這類網路測驗時要小心，因為其中有很多都缺乏科學根據，所以不妨以下列這些評量作為出發點：

同理商數——貝倫柯漢研擬的六十道題目，可以測出你的同理商數（Empathy Quotien），判斷你是否具有「女性大腦」。如果你想知道自己大腦的「男性」程度，可以順便

做系統商數、也就是SQ（Systematizing Quotient）測驗。

（詳情可上網http://glennrowe.net/BaronCohen/MaleFemale.asp）

情緒智商——測試完同理商數，再來檢驗你的EQ，也就是情緒智商（Emotional Intelligence Quotient），這是丹尼爾・高曼為《另類讀者》（*Utne Reader*）雜誌選出的十道測驗題。

（詳情可上網www.utne.com/interact/eiq.html）

假笑容（Spot the Fake Smile）——試試英國國家廣播公司（BBC）限時十分鐘的二十道測驗題。此測驗以保羅・艾克曼的研究為依據，目的在評估受測者分辨假笑與真笑的能力。

（詳情可上網www.tinyurl.com/2u7sh）

眼神測驗（Mind in the Eyes Test）——貝倫柯漢設計的另一種測驗。評估你僅從眼神就能判斷對方表情的能力。

（詳情可上網http://glennrowe.net/BaronCohen/Faces/EyesTest.aspx）

瑪耶・撒洛維・卡羅素情緒智商測驗（Mayer-Salovey-Caruso Emotional Intelligence Test）——這可能是當今最權威的情緒智商測驗。但和其他測驗不同的是，這一套是要錢的。它不是入門者的最佳選擇，但適合想要進一步瞭解的人。

（詳情可上網www.emotionalintelligencemhs.com/MSCEIT.htm）

研讀艾克曼

本章先前提到，艾克曼是研究面部表情的世界權威。這裡建議讀者找出他的著作，加以研讀。艾克曼最近的著作是《心理學家的面相術》（*Emotions Revealed*）。這是一本介紹表情科學的傑出概論，更是解讀表情所隱含情緒的一流指南。艾克曼的女兒伊芙充當書中多種情緒的模特兒，而她也很神奇地總能抓到表情精髓。如果你發現《心理學家的面相術》對你的胃口，可以再找另一本更早的艾克曼著作《說謊》（*Telling Lies*）。此書主旨之一，是教讀者辨識謊言。若想繼續深入了解艾克曼的學說，可以買他的兩套互動教學光碟。其中一套是「微表情訓練課程」（Micro Expression Training Tool），教人辨識那些一閃即逝的細微表情。另一套是「輕度表情訓練課程」（Subtle Expression Training Tool），教人辨別那些剛生成，幾乎看不出來的表情變化。這些光碟課程包含課前測試以衡量初始能力──最後也有結業測試，以評估改善了多少。兩套課程都很實用──而且很有趣。不過要提醒那些和我一樣的麥金塔使用者：到本書完稿為止，市面上都只有PC版本。（詳情可上網www.paulekman.com）

「誰的包包？」

IDEO是全球最受敬重的設計公司之一——曾經催生兒童粗柄牙刷、蘋果電腦第一支滑鼠，還有掌上個人數位助理（Palm V）。你問他們怎麼辦到的？答案恐怕會讓在座的MBA們很不自在：**同理心**。在IDEO的世界裡，好的設計不是從漂亮草圖或酷炫外表出發，而是始於對人的深入理解和關懷。下面就是我去拜訪IDEO帕羅奧圖園區總部時，學到的一個同理心練習活動。

請你單位裡一位同事把手提包、公事包或背包借給你，同時請他把所有足以辨識身分的東西都拿出來。找一組五到六個人一起來檢視包包內容，在不知主人是誰的情況下，設法推敲出此人的生活——包括他的私人起居、工作類型，和情感狀況。例如：袋子裡是塞滿東西還是空蕩整潔？內容物都和工作有關嗎？有沒有暗示家庭生活或其他興趣的物品？皮夾裡放了多少錢？包包主人有攜帶照片嗎？把自己想像成考古學家一樣，仔細端詳每件物品——不久你就能逐漸體會那個人的感覺與想法。附帶好處：這活動真的樂趣無窮。

另外，IDEO還蒐集了部分公司內部的創意技巧，印製在五十一張獨樹一格的超大型卡片上，每套四十九美元，可以線上訂購或在幾個特定零售點買到。這套IDEO門道卡（IDEO Method Cards）涵蓋各種策略——靈感來自

人類學、心理學、生物力學等——協助使用者將同理心深植於設計過程。就像傳統紙牌一樣，門道卡也分四組，代表四種與人共鳴的方式：學習、觀察、詢問，和嘗試。每張卡片解釋一種技巧——例如「照相日記」（Camera Journal）或「身體激盪」（Bodystorming）——卡片的一面是照片，另一面記載IDEO曾如何和客戶一起運用這項技巧。這些卡片幾乎和翻別人的包包一樣有趣好玩。

（詳情可上網www.ideo.com）

接受演員訓練

有一定年紀的美國人應該都記得一個電視廣告，裡頭一開始的台詞是「我不是醫生，但我在電視上扮演醫生。」這樣的社會價值觀如今徹底顛覆，反而是醫生想假裝成演員。越來越多執業醫師想要參加演員課程，來增進對同理心的瞭解和運用。聽起來有些可疑或居心不良嗎？確實，但仔細想想演員都在做些什麼：他們努力進入劇中角色的心靈——而這正是瞭解情緒與情感表達的最好方式。很多地區大學和社區中心都有夜間演員課程，雖然上課的不是名師史特拉斯堡（Lee Strasberg），但你我也不是名角艾爾·帕西諾（Al Pacino）。所以若有興趣的話，不妨去上上課，或許能學到東西。

讀心術

如果上演員課對你來說太麻煩——或是你發現同理心這玩意兒很難懂——可以考慮這張光碟軟體《讀心術》（Mind Reading）。這套軟體是由劍橋大學科學家編製，蒐錄了超過四百種真人以聲音、表情、手勢表達的不同情緒。光碟的原始目的是給不善解讀情緒的人學習之用（例如有「自閉傾向」的人），但不少演員、插畫家，以及想深入研究表情、語調、情緒的人，也會買來使用。這套光碟並不便宜，大約一百二十五塊美金左右，但參考價值很高。

（詳情可上網www.jkp.com/mindreading）

做義工

另一個加強同理心的方法，是參加社區義務工作，為那些生活經驗和你相去甚遠的人提供服務。例如如果你到遊民收容中心做義工，你很難不把自己想像成遊民，體會對方的感受。看到他人生活困頓——反思「我也可能變成那樣」——將有助增加你的同理心。但這當然不是你做義工的目的，這只是邊際效益，真正有意義的，是你無私的助人行為。

8

不只能正經，還會玩樂

這傢伙幹嘛笑成這樣？

背後原因可能比你想像的，要複雜的多。這男

人叫做曼丹·卡塔里亞（Madan Kataria），他是印度孟買一

名醫生。卡塔里亞醫師很喜歡笑。事實上,他相信笑就像一種良性的傳染病——可以影響個人、社區、再散播到國家。於是在幾年前他縮減了診所業務,轉型成傳播笑容的「傷寒瑪莉」(Typhoid Mary)。他的目標,是引發全球性大笑風潮以改善健康、提昇業績,甚至創造世界和平。他的傳染媒介,則是大笑俱樂部——每天成群結隊到公園、草地、購物中心花半個小時捧腹的大笑學員們。

卡塔里亞藉由逗笑世人改變世界的計畫,乍聽或許有些⋯可笑。但你若像我一樣,在某個陰雨早晨到孟買這裡親身體驗過大笑俱樂部,就會發現他並不是在開玩笑。今天全球大約有兩千五百個大笑俱樂部定期聚會,其中多數在印度,包括在孟買的近百個,還有更多在高科技重鎮班加羅爾省。不只如此,歐美各地也開始感染這股風潮。從英國、德國、瑞典、挪威、丹麥,到加拿大都有俱樂部成立,美國甚至已經有數百個。而其中接納速度最快的地方,是職場辦公室。

> 「玩樂的相反不是工作,而是消沉。玩樂就是開朗、隨興、歡樂、自信與投入。」
> ——布萊恩・撒頓史密斯(Brian Sutton-Smith),賓州大學教育學名譽教授

我稍後會再深入介紹這位自封的大笑專家。但卡塔里亞學說的流行,以及企業界對大笑俱樂部的採行接納,卻反映了感性時代另一個重要層面——不再視冷靜肅穆為職場美德,轉而重視接

下來要介紹的這一項高感性、高體會能力：玩樂。「大笑
俱樂部的主要宗旨就是放鬆玩樂，」卡塔里亞說：「當你
放鬆玩樂時，就觸發了大腦右側。邏輯的左腦是有限的，
而右腦則是無限的。你將無所不能。」

　　相對於卡塔里亞的大笑運動和大笑俱樂部，一九三○
和四○年代的福特汽車則是另一極端。當時在福特的紅河
谷廠區，隨便發笑是違反規定的──而哼歌、吹口哨、微
笑則是藐視上級的表現。英國管理學者大衛・柯林森
（David Collinson）回顧當時情形：

　　約翰・佳羅（John Gallo）一九四○年因為「被發覺大
笑出聲」，再加上先前曾「與旁人一同發笑」而「延誤生
產線運作半分鐘」，而遭到福特解僱。如此嚴謹的管理方
式反映出亨利・福特（Henry Ford）的人生哲學，他曾
說：「工作就是工作，玩樂就是玩樂。不可兩者混淆。」[1]

　　福特害怕工作與玩樂混淆會引發不良後果，如果不予
嚴格界定，兩者將相互污染。但在感性時代，整體富裕早
已讓美國脫離後大蕭條時期的嚴峻情勢，工作與玩樂的結
合也變得更普遍，更有必要，甚至成為企業策略的一部
分。以民航業為例，西南航空（SouthWest Airline）是當今
最成功的空運業者之一，雖然不少同行都在破產邊緣打

轉，它卻始終都能獲利。而從這家公司的營運宗旨，可以找到它締造傲人業績的秘訣：「除非在做事的過程中獲得樂趣，否則人很難成功」——完全是與福特嚴肅的管理哲學背道而馳。但這不僅僅是一家公司的離經叛道，私自把工作倫理改成了玩樂倫理，[2] 根據《華爾街日報》報導，有超過五十家歐洲公司——包括諾基亞（Nokia）、戴姆勒克萊斯勒（Daimler-Chrysler），和阿爾卡特（Alcatel）等知名企業——都雇用了「認真玩樂」（Serious Play）顧問到公司內部，用樂高積木來對企業主管做教育訓練。[3] 英國航空（British Airways）甚至聘請專職「企業小丑」，在公司內部製造玩樂氣氛。[4]

就像其他五個感知力一樣，「玩樂」也從輕浮的污名中獲得平反，受到大眾正視，「遊戲的人」（Homo ludens）已經證明就和「理性的人」（Homo sapiens）一樣具有工作效率。玩樂已成為工作、生意，和個人健康很重要的一部分，而且其重要性充分展現在三方面：遊戲、幽默，和愉悅感。以遊戲而言，尤其是電腦遊戲和電視遊樂器，近年來已演變為規模龐大的關鍵產業，不但替使用者帶來全腦操作體驗，更不斷提供全腦人才工作機會。至於幽默，則是逐漸被公認為衡量管理才能、情緒智商和右腦思考的準確指標。另外，從毫無顧忌的大笑中得到的愉悅感，也正不斷展現其提升工作效率與成就感的神奇效果。在感性時

代，趣味和遊戲將不再只是趣味與遊戲——而大笑的好
處，也絕不容一笑置之。

遊戲

這是一套很受歡迎的電玩遊戲，《美國陸軍》
（*America's Army*）的銀幕畫面：

遊戲當中，玩家必須穿越險峻地形，除去壞蛋，同時
避免喪命。而就像許多同類遊戲一樣，只要你撂倒敵軍或
協助友軍躲避傷害，都可以得分。問題來了：這套遊戲是
哪家公司製作的？任天堂？SEGA？美商電藝（Electronic
Arts）？都不是。《美國陸軍》這套遊戲從創作到生產到

發行都是由…美國陸軍，也就是美國軍方，一手包辦。

幾年前，一位在西點軍校任教、專研軍方人力的瓦汀斯基（Casey Wardynski）上校，因為部隊徵募績效不彰，正尋思解決之道。由於徵兵制在一九七○年代結束，冷戰結束後部隊規模更持續縮減，導致有意從軍者對軍隊的概念較之於上一代顯然陌生許多。苦思因應之際，瓦汀斯基注意到他在西點教授的那些軍校生，對於電玩遊戲都異常癡迷，於是右腦靈光閃現之下，他想到了一個解決方案。

瓦汀斯基心想，何不利用青少年最愛消磨時間的平台，作為溝通管道？——也就是新力的Playstations，微軟的Xbox，和個人電腦。既然薄弱的電視廣告，和面對面的募兵解說無法讓有志入伍者感受軍中真實狀況，那麼或許可以嘗試以「虛擬體驗來取代言詞勸說」，製作一套電腦遊戲來吸引青少年。這份計畫上呈國防部後，急於填補兵力的五角大廈立即予以批准，還提撥了充裕經費，瓦汀斯基也隨即展開內容企劃，構思如何在遊戲中反應軍中生涯，同時又能吸引玩家不斷挑戰。接下來的幾年裡，他和來自海軍研究所（Naval Postgraduate School）的一組人員，在程式設計師和美術人員的協助下，製作出《美國陸軍》這套遊戲，並於二○○二年七月四日，在徵兵網站（GoArmy.com）上免費推出。發表後的第一個週末，就因反應太過熱烈而導致伺服器癱瘓。而除了免費下載，遊戲

還壓製成光碟，透過徵兵站和遊戲雜誌發送。如今這套遊戲已有超過兩百萬個登記使用者，平均每個週末都有將近五十萬人坐在電腦前，參與虛擬的戰鬥任務。[5]

《美國陸軍》自稱與其他戰爭遊戲不同，因為它強調「協同作戰、整體價值以及責任感在任務過程中的重要性」。玩家先接受基礎訓練，再進入多人遊戲模式，以小組方式進行任務，任務成功才能晉升為綠扁帽。多數任務都是團隊分工——包括拯救戰俘、保護油管、阻止恐怖份子交易軍火等。玩家不只靠著殺敵取分，其他像保護同袍、完成任務時友軍無死傷等，都可獲得加分。如果你想做傻事——例如濫殺平民或違反命令——就可能被打入虛擬大牢或從此被刪除遊戲資格。而就像其他電玩大作一樣，軍方也打算推出續集——一套取名《美國陸軍：特種部隊》（*America's Army: Special Forces*）的新版遊戲。

連美軍也開始搞遊戲，這對那些堅持玩樂不登大雅的人來說，無異一記當頭棒喝。事實證明：就像通用汽車變成藝術產業一樣，美國大軍也加入了遊戲產業。（確實如此，美國軍方如果用市價銷售這套遊戲，每年應可入帳六億美元。）[6]

> 「遊戲，是最高層次的研究調查。」
> ——愛因斯坦

美國軍方擁抱電玩遊戲，只不過是遊戲強大影響力的

例證之一。從三十年前的陽春電視遊戲Pong開始，電玩（包括了電腦遊戲、網路遊戲，以及專屬遊戲機如Playstation和Xbox等）已經成為快速擴張的新興產業，以及許多人生活重要的一部分。舉例來說：

· 六歲以上美國人有超過半數都在玩電腦遊戲和電視遊樂器。美國人每年購買超過兩億兩千萬套遊戲，相當於每戶人家兩套。雖然一般以為只有帶Y染色體的人愛玩遊戲，但實際上有超過四成玩家是女性。[7]

· 在美國境內，遊戲產業已經超過了電影產業規模。美國人花在遊戲上的錢，比花在電影票上的還要多。平均來說，美國民眾花七十五小時玩遊戲，是一九七七年兩倍，超過他們看DVD與錄影帶的時間。[8]

· 電玩公司「美商電藝」現已晉升為標準普爾五百指數成分股。二○○三年，美商電藝營收美金二十五億，超過當年度十大賣座影片票房總合。任天堂的瑪利歐系列電玩總共創造七十億美元業績——比《星際大戰》系列電影還要賺錢。[9]

雖然如此，除非自己的孩子也沉迷電玩，否則還是有許多成年人至今不能完全體會遊戲的影響力。對一整個世代的人來說，遊戲已經成為解決問題、表達自我和探索自

身的途徑之一。電玩和現今世代的關係，就好比電視與上一個世代一樣密不可分。舉例來說，多項調查都顯示美國大學生自稱玩過電玩遊戲的比例是百分之百。[10] 在今日校園內，沒有玩過《迷霧之島》（*Myst*）、《俠盜獵車手》（*Grand Theft Auto*）或《模擬城市》（*Sim City*）的學生，恐怕比學過微積分的短尾樹蛙還要稀有。兩位卡內基美隆大學教授表示：「我們固定對學生作媒體經驗調查，結果常發現沒有任何一部電影是所有五十位學生都看過的（譬如《北非諜影》只有三分之一的人看過），但我們往往可以找出至少一個電玩遊戲，是大家都玩過的，譬如《超級瑪俐》（*Super Mario Brothers*）。」[11]

　　有些人──尤其是像我這種年過四旬的老古板──對遊戲流行的現象不以為然，感嘆抱著搖桿的年輕人揮霍了才華，拖累了社會進步。但這種觀點其實是對遊戲影響力的錯誤解讀。事實上，著有《電玩如何增進學習與讀寫能力》（*What Video Games Have to Teach Us About Learning and Literacy*）的威斯康辛州大學教授約翰·吉伊（John Paul Gee）就認為，遊戲是最好的學習工具。「〔電玩遊戲〕的運作基礎──亦即其設計精神與目標──是良好的學習模式，這些模式比起許多學校反覆練習、從頭教起，考試至上的學習方式，還要來得優越。」[12] 這也是為何有這麼多人喜歡買遊戲，心甘情願地埋首其中五十到一百個小時，

幾乎等於普通大學生一個學期的上課時間。[13] 吉伊寫道：「不可否認，這些孩子在玩電玩遊戲時所獲得的學習經驗，可能比課堂上還要有效率。學習不是死記片段資訊，而是要學會連結與運用這些資訊。」[14]

> 「玩樂將在二十一世紀取代工作過去三百年來在工業社會裡的地位——成為求知、事業和創造價值的主要途徑。」
> ——派特·肯恩（Pat Kane），
> 《玩樂倫理》（*The Play Ethic*）一書作者

的確，越來越多研究顯示電玩可以鍛鍊感性時代的重要技能。舉例來說，一份登在二〇〇三年《自然》（*Nature*）期刊上的重要研究，就發現打電玩有許多好處。遊戲玩家在接受視覺感知測驗時，成績通常比非玩家高出百分之三十。電玩遊戲可以同時提升察覺環境變化以及處理資訊的能力，[15] 甚至醫生都可從中獲益。一份研究顯示「每星期至少花三小時打電玩遊戲的醫生和不打電玩的醫生相較，腹腔鏡手術犯錯的機率少了百分之三十七，速度則快了百分之二十七。」[16] 還有一份研究甚至發現，工作時打電玩可以增加生產力、提高成就感。[17]

也有證據顯示，打電玩可以促進右腦活動，幫助解決模式辨認類型的問題。[18] 電玩遊戲在許多方面都很類似「整合」能力，要求玩家觀察模式、尋找關聯，並綜觀全局。「我們希望達到的學習效果，是讓人深入思考複雜的

組織概念（如現代職場、地球環境、國際情勢、社會互動、各國文化等），因為每樣東西都和其他事物之間有著複雜關聯，決策錯誤就可能帶來災難，」吉伊表示，而電腦遊戲和遊樂器正可達到這樣的效果。除此之外，目前成長最快的遊戲類型並非《美國陸軍》這種射擊遊戲，而是所謂的角色扮演遊戲（role-playing games），它讓玩家化身為遊戲中人，以該人物的身分在虛擬世界中闖蕩。這類模擬性質的遊戲可以培養同理心，並提供社交演練的場地。

除此之外，遊戲的應用也進入了醫療領域。例如糖尿病童可以利用一套連接到任天堂Game Boy遊樂器的設備GlucoBoy，來監控血糖。而在加州的虛擬實境醫藥中心（Virtual Reality Medical Center），醫療人員則是運用模擬開車、飛行、高處、狹窄空間的情境遊戲，來治療恐懼症和其他焦慮症狀。

當然，遊戲並非百利無害。有證據顯示打電玩和攻擊傾向之間有相互關係，但無法確定是因果關聯。另外也有部份電玩遊戲根本只是浪費時間。不過整體而言，電玩遊戲的價值要比許多過慮的家長和道貌岸然之士所以為的高出許多，而且玩家從中習得的能力，尤其適用逐漸轉向右腦思考的社會需求。

電玩遊戲不但是數百萬人的餘興活動，更是數十萬上班族的掙錢飯碗──而且是一種全腦思維的職業。一名遊

戲產業的人事主管表示，他們要找的人，是能夠「跨越左右腦壁壘思考」的人。[19] 遊戲公司不會區隔美術、程式設計、數學運算、認知心理等各領域人才，而是尋找能在多領域擷取靈感，匯整融合為商品概念的人。而隨著產業成熟化、例行程式寫作委外，遊戲公司需要的人才也有了變化。就如某位遊戲專欄作家所說：「遊戲製作方式的改變，意味著對程式設計的需求將降低，反之，對藝術、製作、故事、設計感的需求則不斷提高…『我們已經脫離高度仰賴程式的階段，』〔一位遊戲開發人員〕表示：『現在的遊戲比較像是藝術家的媒介。』」[20]

　　這也是許多藝術學校開始提供遊戲美術和遊戲設計學位的原因之一。根據《今日美國報》（USA Today）報導，位在西雅圖附近，提供四年制電玩課程的數位筆技術學院（DigiPen Institute of Technology），「儼然成為有志電玩產業的高中畢業生嚮往的哈佛學府。」這所學校的綽號是「大金剛大學」（Donkey Kong U.）[21]（譯註：「大金剛」是早期遊樂器上最廣為人知的遊戲之一）南加州大學著名的電影電視學院，現在也提供電玩領域的藝術碩士學位。「南加大七十五年前設立電影學院時也曾引起質疑，」在南加大教授「遊戲設計」的克理斯・史溫（Chris Swain）表示：「我們相信遊戲是二十一世紀的新興文學。雖然從今日的電玩市場，或許還看不出這一點，但趨勢已隱然若

現。」[22]

　　遊戲在新經濟裡的樞紐地位，可從卡內基美隆大學的娛樂科技中心找到最明確的線索。此中心是卡內基美隆大學美術學院與電腦科學院合作成立的，它提供一個全新學位：號稱「左右腦並用的」娛樂科技碩士（MET）學位。課程內容涵蓋程式設計、商業科目、即興表演——學成後取得的既非文學碩士（MA），也不是科學碩士（MS），而是一個跨學科學位，號稱為「此一領域學術巔峰，較諸文學碩士或科學碩士有著更大意義，學術價值等同藝術碩士（MFA）和商管碩士（MBA）。」而如果說MFA取代了MBA的地位，那麼接下來MET早晚將取代MFA，因為這是一個要求全腦思考、又能促進全腦思考的全新學位。

幽默

　　延續前面的遊戲概念，現在我們就來玩個遊戲。這個遊戲叫「笑話接龍」，玩法如下：我先提示笑話的前半部——也就是暖場部份，然後你從四個選項當中，挑出正確結尾。準備好了嗎？

　　一個六月週末早晨，瓊斯先生看到隔壁鄰居史密斯先生經過，喊住了他：「嗨，史密斯，」瓊斯問：「你今天下午要用割草機嗎？」史密斯語帶謹慎地回答：「啊…要

啊。」於是瓊斯說：

(A)「好吧，那等你用完可不可以借我？」

(B)「太好了，那你一定用不到高爾夫球桿嘍？可不
　　可以借我？」

(C 「我咧！」瓊斯先生不小心踩到鐵耙，差點打到
　　自己的臉。

(D)「我撒的植物種子一直都被小鳥吃掉。」

　　正確的結尾語，當然是B。答案A雖符合邏輯，但不
出奇也不好笑。答案C出人意料，鬧劇般的效果可能也會
引人發笑，但卻前言不對後語。至於答案D，則完全不知
所云。

　　這個笑話不是我在夜總會或HBO笑話節目中聽來的，
而是我從一九九九年刊登在《大腦》（Brain）期刊上的一
篇神經科學報告上擷取下來的（所以有些人可能會覺得不
夠好笑）。為測試左右腦在理解幽默時的作用，兩位神經
科學家普拉比塔‧山米（Prabitha Shammi）和唐納德‧史
杜斯（Donald Stuss）進行了這項笑話接龍的實驗。參與實
驗的控制組，也就是大腦無損傷的人，都選擇答案B，也
是多數讀者的答案。但右腦（尤其是前額葉部分）曾受傷

的實驗組，卻只有少數挑選那個答案，多數人都選了其他答案，其中又以選C者（瓊斯先生差點被K的那個答案）稍微多一些。

從這項研究結果，神經科學家推論出：右腦在理解與欣賞幽默上，扮演著重要角色。當右腦受傷時，即使只是稍微複雜的笑話，都很難正確理解。這要歸因於幽默的本質，以及右腦負責的功能。幽默往往來自於不搭調：一個故事原本按部就班地推演，卻突然發生意外的**轉變**，而左腦最討厭意外和不合理的事物。（「高爾夫球桿！」它大叫：「高爾夫球桿和割草有什麼關係？什麼跟什麼？」）於是，就像碰到隱喻和非語言訊息時一樣，左腦只好向另一半求救——而右腦以全新角度詮釋後，矛盾豁然化解。（「其實啊，」右腦開釋：「瓊斯是在捉弄史密斯啦，哈哈哈」）然而如果愛開玩笑、化解矛盾的右腦出了問題，那麼大腦在理解幽默時就麻煩大了。聽者無法在驚訝之後取得意義連貫——正常笑話的連鎖反應——想笑卻笑不出來，徒留滿腹疑惑。

> 「可以確定的是，輕鬆玩樂的態度，是所有創意人士的共同特徵」
> ——奇克森米海伊

理解笑話的能力和重要性，絕不僅止於正確解答笑話接龍而已＊。山米和史杜斯認為幽默是人類智能的最高表現之一。「這項發現

有深遠的意義，」他們兩人寫道：「右腦額葉以往（甚至今日仍舊）被認為是大腦最安靜的部位。但另一方面，它又可能是人類大腦最重要的一個部位…攸關人類高等認知能力的表現。」[23]

幽默是右腦多項重要特質的具體展現——包括體察情境背景、綜覽全局，以及匯集不同觀點形成新視野的能力。這使得屬於「玩樂」能力之一的幽默，在職場上尤顯可貴。「四十幾年來，由不同學者完成的各項研究一致顯示，有技巧的運用幽默，可以潤滑領導統御，」菲比歐‧撒拉（Fabio Sala）在《哈佛商業評論》（*Harvard Business Review*）中寫道：「它可以降低敵意、排解對立、舒緩緊張、增進士氣，還能幫助傳達困難的訊息。」[24] 根據這項研究，管理成效較佳的主管，運用幽默的次數是普通主管的兩倍。「幽默的天份，」撒拉表示：「和另一項涵蓋更廣的管理特質：高情緒智商，有著密切關係，而且似乎是後者的指標之一。」[25]

當然，幽默在企業組織中可能是個不易掌握的工具。

＊這份調查或許可以解釋另一個困擾科學家的問題：為何男人覺得電視劇《三活寶》（*Three Stooges*）好笑，而女人則不。上一章我們提到「極端男性大腦」的產生常肇因於右腦損傷。而在笑話接龍裡，右腦受傷的病患似乎偏好鬧劇式的幽默。由此判斷男性愛看《三活寶》，有可能是因為「男性大腦」特質，而非本性惡劣使然。

「刻意製造幽默反會抑制幽默，而壓抑詼諧又可能促其滋長，」揭露福特工廠的嚴肅守則、專研企業內部幽默的大衛・柯林森表示。[26] 各種幽默的程度不同，副作用也各異。例如負面幽默就可能造成嚴重傷害，它可能破壞組織合諧，造成難以彌補的巨大鴻溝。「幽默不是社會融合的萬靈丹，它可能反映並深化工作場所的歧見、緊張、衝突、權力失衡，以及不平等現象，讓問題變得更醒目。」[27]

　　但若適當運用，幽默確實可以形成正本清源的組織力量。「企業員工的辦公室笑話，可能和精心研擬的問卷調查同樣準確、甚至更精準地反映組織現況、管理心態與企業文化，」柯林森表示。[28]《哈佛商業評論》的主編湯瑪斯・史都華（Thomas A. Stewart）曾提議搜集企業內部的打油詩來了解企業靈魂——因為他發現爆發會計醜聞的恩隆能源公司早在稽核人員發現犯罪端倪之前，員工就已經在才藝表演中暗諷高層的不法行為。[29] 除此之外，幽默也可以成為組織的凝聚力量——任何在曾在茶水間或午餐時間說笑談天的上班族，都可以體會這一點。對於愛說笑的員工，企業單位不但不必採取福特上個世紀的壓抑手段，反而應該特別重視這些人，把幽默感視為公司資產。現在該是正視幽默價值的時候了——它不僅僅是搞笑，而是一種專屬於人類的複雜心智活動，不但無法由電腦複製，而

且正逐漸成爲高感性、高體會世界裡的寶貴能力。

愉悅感

在印度，一切都起得晚，只有大笑俱樂部與眾不同，每天準時開張。早上六點三十分，當吉莉・阿加拉瓦（Kiri Agarawal）吹起哨子，四十三位成員——包括卡塔里亞醫生、他的妻子、馬德胡里（Madhuri），還有我——全體集合，圍繞成一個半圓。等阿加拉瓦哨音停止，大家開始隨處走動，一起拍手，大喊「呵—呵、哈—哈—哈…呵—呵、哈—哈—哈」不斷重複。

我們集合的地點，是在普拉博登綜合運動場（Probodhan Sports Complex），而卡塔里亞醫生的家則是在孟買西北部一個住宅區，距離這裡只有幾英哩。所謂的「綜合運動場」，其實就是一排東倒西歪的水泥牆圍繞著一座泥濘足球場和一圈斑駁跑道。接下來的四十分鐘裡，我試了一些我從來沒有——在公開場合，一群陌生人面前——做過的事。跟著大笑俱樂部裡其他成員，我練習一連串類似瑜珈和柔軟體操的活動——還附帶一些「方法演技」（Method Acting）訓練。最初幾個活動包括所謂的「合十大笑」。我們把手掌相合，就像印度人見面問好一般地舉手到眼前，注視著另一位成員，開始大笑。我覺得這很不

簡單，主動發出大笑要比我在第七章擠出來的假笑困難多了。於是我嘗試單純發出音節：「哈、哈、哈、哈、哈。」沒想到奇怪的事發生了，我的傻笑開始帶有那麼一些真心的味道。看到別人笑個不停，似乎觸動了我的笑神經。

過了一會，我們接著練習「就是笑」活動，由卡塔里亞領頭。他今天穿著牛仔褲、戴著鑽石耳環，紅色T恤上寫著「綜觀天下，從心笑起」（Think Globally, Laugh Locally）。他舉起雙掌向天，繞圈而行，大聲覆頌：「我不知道我為什麼笑。」我也依樣照作。卡塔里亞的笑——他常瞇眼而笑——似乎讓他神遊太虛。而在每次大笑之後，我們都會重覆一分鐘拍掌覆頌：「呵—呵、哈—哈—

哈。」

　　整套活動帶些古怪，又讓人振奮。古怪，是因為同時看到四十三個人——其中多數是穿著紗麗的中年婦女——一起吐舌舉手成爪狀，著魔般地高聲尖笑，練習著所謂的「獅子笑」，實在很詭異。但另一方面，能夠在大庭廣眾下沒來由地大笑，又讓人頗感神輕氣爽，因為——雖然我原本抱持懷疑——這真的有鼓舞精神的作用。

　　稍後，等我們回到他的辦公室，卡塔里亞告訴我大笑是如何改變他的生命。他出生於旁遮普省（Punjab）一個小村落，在八個兄弟姊妹中排行老么。他的父母未受教育，但母親卻決心讓他當個醫師。卡塔里亞進了醫學院，從一九八〇年代開始駕駛著一輛活動診所，在孟買各地行醫。九〇年代早期，他參與一本健康雜誌《家庭醫師》（My Doctor）的編輯工作，同時繼續看診。當他注意到常發笑的病患痊癒得比較快，就在一九九五年寫了一篇題為〈大笑良藥〉（Laughter: The Best Medicine）的文章。[30]

　　「如果笑這麼有用，」卡塔里亞說當時的他暗忖：「何不開一家大笑俱樂部呢？」（這位有趣醫生大約四分之一的談話內容都可套入類似的「何不…？」句型）「這個點子是在一九九五年三月十三號凌晨四點閃過我的腦袋，三個小時後，我就跑到了附近公園，四處問人願不願意加入我的大笑俱樂部？」結果只有四個人表示有興趣，但他

仍努力向他們解說大笑的好處，接著五個人不斷講笑話，心情好得不得了。接下來幾天他們持續不輟，但到了第十天卻碰上了障礙：他們已經把所有笑話都說完了。卡塔里亞遭遇瓶頸，但他隨即省悟其實不一定要說笑話，才能發笑。他與擔任瑜珈老師的妻子討論如何設計發笑活動，結論是：「何不結合瑜珈

> 「最後笑的那個人，多半沒聽懂笑話。」
> ——海倫‧吉安葛雷葛利歐（Helen Giangregorio）

呼吸法和大笑，發明一套大笑瑜珈？」大笑運動從此誕生。「要不是因為我是醫生，別人大概會笑我瘋了，」他說，而他每次講這句話都必定發笑：閉上雙眼，仰頭向後，咧嘴而笑。

對卡塔里亞來說，幽默不是大笑的必要條件。大笑俱樂部的目標是「思緒淨空」的發笑。「你笑起來的時候，就無法思考，這正是一般人打坐的目的。」平靜的心靈，是通往愉悅感的捷徑。卡塔里亞說，愉悅感和快樂不同，快樂是有條件的，愉悅感是無條件的。「當你仰賴其他事物而笑，那笑並不屬於你，那是有條件的笑。但在大笑俱樂部裡，笑並非源於外在，而是始於內在。」卡塔里亞指出，小孩子不太瞭解幽默，但他們從小就會發笑。事實上，有人說小孩子一天笑好幾百次，大人卻幾乎不到十次。根據卡塔里亞的說法，集體練習瑜珈大笑可以讓人從

成年世界的有條件快樂，返回孩童的無條件愉悅感。「我希望幫助人們重拾童年歡娛，」他告訴我。

先聲明，通常聽到這類教人從潛意識找回童真的論調，都會讓我高度存疑同時捏緊荷包。但卡塔里亞的大笑哲學卻有不少科學證據支持。光是發笑不能治好肺結核，但這種獨特的人類活動——經由喉嚨間歇吐送空氣和聲音——卻無疑有其好處。例如洛馬林達醫學院（Loma Linda School of Medicine）神經免疫中心的李·柏克（Lee Berk）醫師，就曾做過相關研究顯示大笑可以減少壓力荷爾蒙，加強免疫系統。[31] 曾在《笑的科學》（*Laughter: A Scientific Investigation*）中以人類學與生物學角度探討大笑的神經科學家，羅伯特·波凡（Robert Provine）也表示：「有關幽默和大笑的鎮痛效果，雖然科學證據不多，但卻有增加的**趨勢**。」[32] 不僅如此，大笑還是一種有氧活動，它帶動心肺運作，增加心跳速率、把更多血液送進各器官。波凡引證大笑研究學者威廉·佛萊（William Fry）的發現：「他在家裡的划船機上運動十分鐘之後，心跳速率才達到一分鐘大笑後的水準。」[33] 或許更重要的是，大笑是一種社會活動——而且有大量證據顯示，和他人保有經常性、愉悅互動的人，比較健康也比較快樂。波凡認為，大笑「主要是一種人際關係，而非笑話所引起。」我們很少一個人發笑，反過來說，當身旁的人都一起大笑，你很難不受到感

染。大笑是一種傳達同理心的非語言溝通，而且比第七章的呵欠實驗還有傳染性。大笑俱樂部（是不收費的，就像笑也不花錢一樣）結合了四樣好東西（瑜珈、冥思、有氧活動，和社交互動），化身為第五樣好東西。

正因如此，卡塔里亞深信大笑俱樂部的下一拓展目標將是充斥壓力緊張的——工作場所。「大笑可以在工作場所發揮緩解壓力的功能，」卡塔里亞表示。他說企業往往認為「嚴肅的人比較有責任感，這其實是錯誤的。那已經是過時的觀念。多笑的人才比較有創造力、比較有效率。一起開懷而笑的人才能一起工作。」幾家大企業如葛蘭素藥廠（Glaxo）、富豪汽車（Volvo）都已領悟到這一點，順勢開辦大笑俱樂部。而信奉卡塔里亞的大笑哲學，自稱「愉悅專家」的俄亥俄州人史提夫·威爾森（Steve Wilson）則正著手把此一觀念推廣到美國企業界。卡塔里亞表示：「每間企業都該有一個大笑室，如果公司裡可以設吸煙室，何不再闢間大笑室？」

我不認為IBM會在短期內闢建大笑室（話說回來，過去也沒有人相信財富五百大企業會付錢請人來玩積木）。但有一點應該是可以確定的：那就是在富裕時代，大笑能帶給我們一些左腦無法提供的東西。而回到更廣泛的層次，總結本章內容：今天的玩樂哲學可以加強工作倫理，並賦予更高的意義；遊戲則帶給新一代職場成員全腦思維

的學習經驗，同時催生需要感性時代關鍵技能的新興產業；至於幽默，它結合了許多在自動化和委外時代尤顯可貴的成熟思考能力；另外，單純的大笑就可以引發愉悅感，從而帶動創造力、生產力和合作意願。

「有限的左腦，就像一種科技，」卡塔里亞在我們吃完早餐，時近中午時說：「你這樣操作，就會這樣，那樣操作，就會那樣。它就像數學一樣。但大笑在我眼中卻是一種神奇數學，二加二不等於四，而是等於六十四，」說完，他仰頭大笑。

練 習 簿

設計
故事
整合
同理心
玩樂
意義

參加大笑俱樂部

想替生活減輕一點壓力，一個最簡單的方法，就是參加大笑俱樂部。這些俱樂部的擴散速度驚人，說不定在你周遭就找得到。（各地俱樂部的清單，可在大笑瑜珈網站上找到。）大笑專家卡塔里亞博士還製作了一套《笑不需要理由》（*Laugh for No Reason*）的書籍、錄影帶和DVD，解釋大笑瑜珈的基本動作和背後的理論與科學基礎。這套參考資料大約要花美金三十塊左右，不過參加俱樂部卻是免費的。套句卡塔里亞的話，就是「不填表、不繳費、不麻煩。」除此之外，每年春天，固定在五月的第一個星期

日，有一項「世界大笑日」的活動，不妨留意。現在跟著
我喊：「呵—呵，哈—哈—哈」。

（詳情可上網www.laughteryoga.org）

漫畫填字遊戲

　　我們曾在第二章提過彩虹計畫，這是由耶魯大學教授
羅伯・史丹伯格所設計，用來檢測全腦能力的另類SAT測
驗。測驗中有一項活動是要求受測者為空白的《紐約客》
漫畫填上標題。你也可以自己試試看，而且最好找三五好
友一起做。先從《紐約客》雜誌上挑選五到六幅漫畫，剪
下來，遮住標題的部分。把這些沒有標題的漫畫拿給你的
同伴看——請他們自己想一個標題。然後換人再做。你會
發現這比你想像的還要有挑戰性、還要好玩。（順便也可
為《紐約客》的年度下標題比賽做準備）若想瞭解此一活
動由來，或對幽默漫畫有興趣，可以參閱《紐約客》漫畫
編輯羅勃・曼考夫（Robert Mankoff）的著作《沒穿衣服的
漫畫家》（The Naked Cartoonist）（如果仍意猶未盡，曼考
夫編纂了一本《紐約客漫畫大全》〔The Complete Cartoons
of The New Yorker〕，附贈CD收錄六萬八千六百四十七張歷
年刊載於雜誌上的漫畫。）曼考夫認為下標題的要訣是
「韻律、精簡，和出人意料。」而當中蘊含的幽默，正是

來自右腦的敏感度。「很多趣味漫畫和好玩的點子都有一種特殊的融合特徵，」他寫道：「這種概念融合與異類結合是理性頭腦想要抗拒、卻又是創新所不可或缺的，若用比較煽情的說法，就像是許多想法概念一起上床做愛。」

幽默感測驗

歐馬哈市的內布拉斯加大學（University of Nebraska-Omaha）教授詹姆斯・索森（James Thorson）設計了一套多面向幽默感量表，並已被學界和醫界用於評估人的快活程度。測試內容包括詢問受測者是否常運用幽默，以及親朋對你的評價等。索森在研究中發現「與幽默感測驗中獲低分者相較，分數高的人通常憂鬱程度較低，人生目標也較明確。」試試這個測驗，看看你有多幽默。

（詳情可上網tinyurl.com/6t7ff）

發明遊戲

發明和玩樂常有共通之處。一流的發明家通常玩性堅強，而懂得玩樂的人也往往點子特多。想瞭解兩者關聯，可以參觀史密森機構（Smithsonian Institution）的「發明遊戲」（Invention at Play）巡迴展覽。此展覽「強調大人小孩

的玩樂方式與發明家的科學創新，或科技研發過程的相似性」，並探討「各種與發明相關的心智玩樂習性。」這項展覽將巡迴美國各地，為期數年。如果你無法親自前往，也可以試試製作精良的「發明遊戲」網站。

（詳情可上網www.inventionatplay.org）

玩遊戲

　　你必須了解電玩遊戲。真的，我是說真的。如果你還搞不清楚搖桿是做什麼用的，請務必花點時間，認識一下電腦遊戲、網路遊戲、以及專用的遊戲主機如Game Boy和Playstation等。不懂的話，請教你的兒女或是你鄰居的小孩，再不然就到超值電器（Best Buy）之類的電器零售店，請店員為你介紹。你一定不會後悔的，甚至還可能迷上它。就算真的沒興趣，至少也讓你見識了遊戲的創新體驗、敘事特徵以及思考模式。若想進一步深入遊戲世界，可以翻閱市面上各種電玩雜誌（通常就擺在電器零售店的電玩遊戲附近），同時前往以下網站，看看精闢的遊戲介紹或試玩遊戲。

遊戲重地（Game Spot）──鉅細靡遺的電玩網站，最佳資訊來源之一。

（詳情可上網www.gamespot.com）

遊戲清談（Game Talk）——玩家聚集的線上社群。

（詳情可上網www.gametalk.com）

遊戲領域（Game Zone）——另一個資訊完整的電玩網站，涵蓋各平台電玩遊戲的消息與評論。

（詳情可上網www.gamezone.com）

新聞遊戲（Newsgaming）——橫跨遊戲與政論領域，提供依時事改編的遊戲。

（詳情可上網www.newsgaming.com）

開放目錄計畫，電玩遊戲類（Open Directory Project, Video Games）——內容豐富的目錄網站，幾乎囊括所有優秀遊戲網站及線上遊戲。

（詳情可上網http://www.dmoz.org/Games/Video_Games/）

那地方（There）——此站自稱「線上桃花源」，你可以選擇扮演一個人物——然後與其他玩家，在一個島嶼似的環境下互動。你不一定會喜歡這種遊戲，但至少免費的試用版可以讓你感受角色扮演遊戲的滋味。

（詳情可上網www.there.com）

無線電玩評論（Wireless Gaming Review）——此網站專門提供無線遊戲資訊——也就是用手機等無線配備進行的遊戲。站上還有很多免費下載資源。

（詳情可上網www.wgamer.com）

女性玩家誌（Women Gamers）——專門服務女性玩家的最大入口網站。除了遊戲評論、產品新聞之外，還有產業走向分析。

（詳情可上網www.womangamers.com）

Yahoo！奇摩遊戲（Yahoo! Games）——不錯的線上遊戲入門網站，讓你和世界各地的人一起玩雙陸棋、紙牌戲、以及寶石對戰（Toki Toki Boom）等。

（詳情可上網games.yahoo.com）

（編按：讀者也可參考中文遊戲網站www.gamebase.com.tw/或www.gamer.com.tw/等。）

右腦遊戲

有兩款最新無線遊戲是特別用來測試及加強右腦能力的。泰科摩（Tecmo）公司的《右腦遊戲》（Right Brain Game）包含十二個小遊戲，可以檢驗你是右腦還是左腦類型的人。至本書完稿為止，這套遊戲仍只在日本發行，但應該很快會引入北美及歐洲。

（詳情可上網www.tecmogames.com）

另一套遊戲是《右腦樂園》（Right Brain Paradise），號稱是「有史以來最佳腦力激盪手機遊戲」。九道關卡難度遞增，考驗你的右腦敏銳度。

（詳情可上網www.bluelavawireless.com）

9

不只顧賺錢，還重意義

這一九四二年早春，維也納奧地利當局大肆搜捕了數百名猶太人，其中包括一名叫維克多·法蘭科（Viktor Frankl）的人。當時，法蘭科正在研擬一項有關心理健康的學說，被視為該領域的明日之星。他與妻子提莉已經預期可能被捕，因此預作準備，設法保存他們最寶貴的資產。在警察上門前，提莉把維克多進行中的學說手稿用針線縫入他的外套襯裡。稍後當兩人被送往奧許維茲（Auschwitz）集中營時，維克多身上穿的正是這件外套。進入集中營的第一天，他還能保住外套，不過第二天納粹禁衛隊就把他的衣服剝光，沒收他所有衣物，那份手稿也

也從此下落不明。而接下來三年在奧許維茲，以及後來轉送達考（Dachau）集中營的日子裡，法蘭科的妻子、兄弟、母親、父親都相繼死於毒氣室，而他則在一張偷來的紙片上，一字一句地拼湊著手稿內容。到了一九四六年，聯軍解放集中營一年之後，靠著這些破皺紙片，法蘭科寫出上個世紀最震撼人心、流傳久遠的一本著作——《活出意義來》（*Man's Search for Meaning*）。[1]

在《活出意義來》當中，法蘭科描述他是如何在無止盡的勞役、非人的虐待，以及難忍的饑渴中活了下來。但他的書不僅是浩劫餘生的故事，它還是一本窺探人類靈魂及尋找人生意義的指南。引證他自己以及其他囚犯在集中營裡的心理狀態，法蘭科詳細闡述了他在被捕前就開始研擬的學說。他主張「人生在世主要目的不是獲取感官歡娛或避免痛苦，而是找到生命意義。」[2] 我們的生存本能，也就是驅策人類求生的動力來源，是對於意義的追尋。法蘭科的理論——也就是所謂的「意義治療法」（Logotherapy，希臘文logos指「意義」）——很快就成為心理治療領域裡頗具影響力的一派。

即使在慘無人道的集中營環境裡，法蘭科等人仍努力尋找人生意義。（書中最讓我感動的段落之一，是當他寫道：「我領悟到即使人生在世已經一無所有，也能在回想所愛之人時感受到無上快樂，即便只是短短片刻。」）他

舉例說明，即使充滿磨難的生命也能找到意義——事實上，磨難本身就能創造意義。但他也強調磨難並非意義產生的先決條件，每個人都有尋找意義的本能衝動——只要外在環境和內在心理條件配合，就會浮出水面。

上述最後一點正是全書要旨——也最值得我們在今日探討。面對二十一世紀初，幾股力量正營造出一個強調意義追尋的環境，而且規模前所未見。首先，即使諸多社會問題如貧窮仍未完全消弭，但多數先進國家人民都已經擺脫苦難的生活。如第二章所說，我們生活在一個富裕的時代，生活水平超越以往任何世代。由於不需再為衣食溫飽而奔波，我們有餘裕投入更多心力在尋找意義上面。如果法蘭科和他的囚友們可以在奧許維茲集中營裡找尋人生意義，那麼生活條件優越的我們，當然機會更充裕。

其他因素也在推動這股趨勢。在第三章中曾提到，龐大的嬰兒潮世代正邁入人生重要關卡。多數戰後出生的人們現在都邁入中老年，思緒開始轉向性靈層面，價值觀也逐漸轉變。恐怖攻擊的陰影，加深了生命無常的感受及對生命意義的疑惑。在此同時，科技繼續演進，製造出大量的資訊與過多的選擇，讓人幾乎無所適從。而在這些因素的激盪衝擊之下，催生

> 「人生在世是為了尋找意義，而非樂趣，除非是充滿了意義的樂趣。」
>
> ——雅各·尼德曼（Jacob Needleman）

出人們尋找意義的需求與意願，也讓「意義」成為感性時代的第六種力量。

第二章曾短暫提到的諾貝爾獎得主經濟學家羅勃‧福格爾，把現今世代稱為「第四次大覺醒」。他表示：「性靈（或非物質）的不平等，在今天是與物質不平等同樣嚴重的問題，甚至更嚴重。」[3] 他的看法正呼應法蘭科半世紀前的見解：「現今人們衣食充裕，卻沒有目標；吃得飽卻不知為何而活。」[4] 密西根大學知名政治學者羅納德‧英格哈（Ronald Inglehart），也在過去二十五年針對幾十個國家人民作追蹤調查時，發現類似的需求。每次進行全球價值觀調查時，都會發現受訪者對精神生活與非物質層面的關切度增加。舉例而言，根據最近一次調查，百分之五十八的美國民眾表示經常思考人生意義、人生目的的問題。德國、英國、日本的比例雖比美國低，但也非常可觀。[5] 英格哈認為先進國家正在緩慢地改變社經運作模式。「逐漸從『物質取向』價值觀（經濟與身家安全重於一切）轉換為『後物質取向』（強調自我表達與生活品質）。」[6] 對此議題曾做精闢論述的美國記者伊斯特布魯克（Gregg Easterbrook）則有更大膽的預測：「從物質需求轉到意義需求的演化已經展開，且規模為史上所僅見──數億人參與其中──而且最終還有可能成為我們這個世代最主要的文化進展。」[7]

　　無論怎麼稱呼它——「第四次覺醒」、「後物質取向」，還是「意義需求」——其所帶來的影響都是相同的。意義已成爲我們工作與生活的中心要件。但尋找意義顯然不是件簡單的事，因爲它不像食譜一樣，可以買來照做——你沒有現成的參考書，但是至少有兩個具體的全腦思維可以協助個人、家庭、企業踏出尋求意義的第一步，那就是認真看待性靈，以及認真看待快樂。

認真看待性靈

　　一身紫紅長袍，足踏紅色膠鞋的矮小男子，是最後上台的一個。當他從後台現身時，聽眾全體肅立無聲。他的笑容盈滿祝福，在向其他來賓致意後，他盤腿坐上爲他準備的座椅。這位讓我瞇著眼，從麻省理工學院一千三百人座演講聽的後排仰望的男子，具有讓滿場聽眾起身向他致意的能耐，其中還包括雙手合十的理查·吉爾（Richard Gere），和兩手輕擺的歌蒂·韓（Goldie Haw）。他是丹增嘉措，第十四世活佛轉世，又名達賴喇嘛——諾貝爾獎得主、西藏流

> 「我相信生命的目的是追求快樂。這點無庸置疑。無論你相信哪一種宗教，我們都在追尋生命中更好的東西。所以我認爲生命始終是朝著快樂運行的。」
>
> ——達賴喇嘛

亡領導人，也是一位能吸引一萬三千人湧入波士頓艦隊中心球場朝聖的宗教巨星。

達賴喇嘛到麻省理工學院做什麼？他來這裡，是為了參加「檢視心靈」（Investigating the Mind）研討會──一場為期兩天的清談會議，討論科學能從佛教、以及佛教能從科學裡學到些什麼。每天早上下午，講台上交織穿梭科學家的深色西裝，和僧侶們的紅黃袈裟──彷彿一場理性與性靈交會、左腦右腦大和解的視覺舞台秀。十五年前，達賴喇嘛曾邀請科學家到他的北印駐地德蘭撒拉（Dharamsala）。他對科學界的大腦研究很有興趣，而科學界則想知道那些擁有驚人打坐修為的喇嘛，腦袋是如何運作的。而在接下來十五年裡，包括威斯康辛大學理查・戴維森（Richard Davidson）教授等人，開始對喇嘛進行如我在第一章所做的磁振造影實驗，拍攝冥思中的大腦影像，以便獲取對人類情緒、專注、心理畫面等認知能力的全新理解。另一方面，有科學背景的喇嘛，如原子生物學家馬修・理卡德（Mathieu Ricard）則開始研讀研究論文，希望了解心智運作與探索心靈本質。我參加的這場研討會是他們的第一次公開聚會──有點像初次成果發表會。「科學和佛教很相像，」達賴喇嘛在會議開場前的記者會上說：「因為它們都是在探索現實本質，而且兩者都希望減少人類苦難。」

　　研討會的內容——諸多對未來研究的規劃——其實不如研討會召開的事實，來得意義重大。就如著名原子生物學家艾瑞克・蘭德（Eric Lander）在會中所說，科學只是看待世界的方式之一，今日已有眾多學科領域將性靈——非僅指宗教，而泛指對人生意義的關懷——視為人類身心基礎之一。確實，人類的信仰能力——同樣不限宗教，而泛指相信超越凡人的更高力量——很可能是與生俱來的。此外，或許並不讓人意外的是，這部分能力似乎與右腦有關。譬如安大略市羅倫斯大學（Laurentian University）的神經科學家麥可・柏辛吉（Michael Persinger）教授，就曾用後人所稱的「上帝頭罩」做過實驗（雖然也引發爭議）。柏辛吉將頭罩固定在受測者頭上，對右腦施以微弱電磁幅射。結果多數受測者都表示意識到上帝的存在，或有天人合一的感覺。此一實驗再度暗示性靈與玄奧體驗，或許原本就是人類神經生理組成的一部分。[8] 在此同時，賓州大學的安德魯・紐柏格（Andrew Newberg）也以打坐進入宗教狂喜境界、靈魂通達上帝的修女為研究對象，掃瞄她們的大腦。結果顯示，在上述狀態下，主管自我意識的大腦部位活動減緩，因而引發與天地融合的感受。這方面的研究已逐漸衍生一個新興領域，稱為神經神學（neurotheology），專門探討大腦與性靈體驗的關聯。就像加州理工學院神經科學家史提文・郭茨（Steven Quartz）

所說：「越來越多有關人類生理結構的研究顯示，我們是追求意義的社會動物，渴望理解自身定位與生存目的。」[9]

無論如何，我們至少應該認真看待性靈面，因為事實證明它可以改善生命——尤其在物質充裕（甚至氾濫）的今日，更顯其必要。舉例來說，部分現代化社會宿疾——壓力、心臟病等——可以因為關照性靈而獲得改善。杜克大學（Duke University）的一份研究顯示，經常禱告的人一般來說血壓比其他人來得低。約翰霍普金斯大學研究人員發現，參與宗教禮拜可以降低因為心臟病、自殺，或罹患某些癌症致死的機率。其他研究顯示，重視生命意義的女性，體內能夠抵抗病毒與某些癌症的細胞數量高於常人。另外也有研究發現，相信生命有更高意義的人，比較不容易罹患心臟疾病。根據一份達特茅斯學院（Dartmouth College）所做的研究，患者有無信仰及禱告，是可以用來預測開心手術存活率的指標之一。另外，固定上教堂（或猶太會所、清真寺）的人，似乎也比不去教堂的人活得久——即使把生理與行為差異變數都納入考量，依舊如此。[10]

這是個非常棘手又充滿爭議的領域——部分是因為已有太多打著上帝名號的醫者在外招搖撞騙。若想要完全依賴信仰對抗癌症，或指望斷骨自動癒合，後果只能自行負責。雖然如此，以全腦思維面對問題——左向理智加上右向信念——卻確實有效。如第三章中所說，目前已經有超

過二分之一美國醫學院提供探討性靈對健康影響的課程。根據《新聞週刊》報導：「百分之七十二美國人表示，他們願意和醫生討論精神生活。」這也是為何有些醫生開始替病患製作「精神生活病歷」的原因——詢問他們是否向宗教尋求慰藉、是否參與社區教會、是否尋求生命的深層意義。當然，這可能是個敏感話題，但就像杜克大學哈洛德‧科尼格（Harold Koenig）教授在《宗教新聞服務》（*Religion News Service*）上所說：「類似情況也曾發生在二十年前，當時醫生被要求詢問病患的性行為記錄。」科尼格估計，目前約有百分之五到百分之十的美國醫師，開始記錄病患的精神生活狀況。[12] 這種融合性靈與生理的醫療手段就像敘事醫學一樣，都來自於一個更大的醫界潮流，也就是把病患看作身心靈的完整個體，而非只是疾病宿主。

另一個開始認真看待精神生活的領域是職場。如果說「後物質」價值觀以及「意義需求」開始在感性時代快速散播，那麼它們開始進駐我們大半甦醒時間滯留的場所，也就不足為奇了。

五年前，南加州馬歇爾商學院（Marshall School of Business）教授伊恩‧密特洛夫（Ian Mitroff）與一名顧問，伊麗莎白‧丹頓（Elizabeth Denton）共同出版了一份題為《美國企業性靈調查》（*A Spiritual Audit of Corporate*

America）的研究報告。在面訪近百位企業主管，瞭解性靈在公司內部扮演的角色之後，他們得到出乎意料的結論。多數企業主管對性靈的定義都很一致——不侷限於宗教，而是「人類對尋找生命意義的基本慾望」。然而，這些主管由於擔心在工作場合使用性靈範疇字眼，會引發信仰多元的員工反感，以致乾脆絕口不提。在此同時，密特洛夫和丹頓又發現，企業員工其實非常渴望把本身的性靈價值（換句話說，就是他們的整個人生觀，而非局部人格）帶到工作環境，但又覺得這麼做可能造成尷尬。細讀這份報告，會讓人聯想到一條豐沛的意義長河，被阻擋在企業大門之外。但弔詭的是，如果這股性靈潮流獲得釋放，對企業來說可能反而是好事，因為密特洛夫和丹頓的調查發現，體認性靈價值並順勢將之結合到營運目標的公司，往往表現優於同業。換句話說，將性靈引入工作環境不但不會降低營運績效，反而還能提升績效。

隨著企業逐漸體認這一點，我們或許即將在公司**內部**目睹性靈層面的提升——越來越多員工要求公司除了物質報酬外，也能滿足性靈需求。最近一份美國地區的調查顯示，超過四分之三成年人認為精神層面的提升，可以帶來工作環境的改善。英國智庫羅菲帕克（Roffey Park）年度管理調查也顯示類似的結果：百分之七十受訪者希望自己的工作能更有意義。而最近幾年，類似職場性靈協會

（Association for Spirit at Work）等組織，和一年一度的國際職場性靈會議（Spirit in Business Conference）等活動，也陸續成立召開。

不只如此，我們或許還將在企業**行為**上看到性靈風潮的興起——例如紓解人們非物質需求的新創企業成立。回想在第二章提過的蠟燭業者；再看看瑜珈教學、宗教書店、還有從豐田「先驅」（Prius）環保車到美體小舖（Body Shop）等「綠色」產品的風行。熟悉產業脈動的《富比士》（*Forbes*）發行人理奇・卡加德（Rich Karlgaard），認為這正是下一波商業潮流走向。一九九〇年首先發生品質革命，接著是卡加德所謂的「廉價革命」——成本劇降使得全球各地人們都享有手機和網路通訊。「接下來是什麼？」他問道：「是意義，是人生目的，是深層的生命體驗。無論你怎麼稱呼它，總之消費者對它的渴望正逐漸增加。想想亞伯拉罕・馬斯洛（Abraham Maslow），或維克多・法蘭科鼓吹的東西。商業契機就在其中。」[13]

認真看待快樂

「快樂，」維克多・法蘭科說：「無法追求而得，只能自然引發。」但如何才能自然引發？這問題從有人類以

245

來就不斷困擾著人心。但如今有一派心理學說提供了部分線索——拜塞利格曼博士（Dr. E. P. Seligman）之賜。他是賓州大學一名教授，也是「正向心理學」運動創始者。

> 「生命的意義不是藏在別人寫好的秘笈裡。求取意義的唯一方法，是從自己內心賦予生命意義。」
> ——羅勃・斐史東（Robert Firestone），
> 作家兼精神科醫師

學術領域的心理研究，幾乎是從肇始就忽略了快樂。心理學者專注於心理疾病、失調、障礙，卻對人如何才會感到滿足的問題，疏於討論。塞利格曼一九九八年接掌美國心理學學會之後，即逐步引導學術研究轉往新的方向。在他和其餘有志心理健康研究的學者努力之下，人類快樂的秘密逐漸被解開，世人也開始認真看待快樂。

根據塞利格曼的研究，成就快樂的因素有幾項，其中部分與生理有關。每個人受基因影響，身心健康水平大致有一定範圍。某些人偏向憂鬱那一頭，有些人偏向樂觀那一頭。但所有人都能依靠學習，提升到個人範圍裡的較高水平——從而自然感受快樂。根據塞利格曼的說法，有助引發快樂的事物包括：參與有成就感的工作、避免接觸負面事物與負面情緒、結婚，以及擁有充實的社交生活。其它同樣重要的還有：心懷感恩、樂於寬恕、樂天知命。（另一方面，研究也發現擁有財富、受高等教育以及環境

宜人等因素，似乎與快樂與否完全無關。）

掌握這些事物，即可達到塞利格曼所謂的「快活人生」（Pleasant Life）──也就是對於過去、現在、未來都充滿正面情緒的生活。但快活人生只是快樂階梯上的第一階段罷了。更上一層，是塞利格曼所稱的「美好人生」（Good Life）──也就是利用個人的「獨特優勢」（你最擅長的事物）在生命主要領域獲致滿足。若能做到這一點，工作就會從史塔茲·德克爾（Studs Terkel）口中的「週一到週五的死亡」，轉變成個人天職。「個人天職是最理想的工作態度，因為它本身即可帶來滿足，視工作為天職的人不是為了物質好處，而是為了工作本身而工作，」塞利格曼說：「我預測，享受工作帶來的心流（flow）體驗將會取代物質報酬，成為投身職場的主要動力。」此外，「美好人生」對企業來說也是利多。「快樂能讓生產力提高，收入增加，」塞利格曼表示。現在甚至有一派以正向心理學為基礎的管理思潮，隱然成形。

不過美好人生仍非終極目標。「還有第三種快樂，是人類自然渴求的，那就是對意義的追尋…發掘自己的深層能力，並投注於超越個人欲求的目標，」塞利格曼表示。[14] 這種超越小我私利的境界，已經和修女僧侶的修為無異。隨著物質充裕讓更多人有能力、有意願加入類似追尋，意義也將進駐我們的生活與意識重心。

過去十年最暢銷的商管書籍，是一本書名很特別的薄薄小書。《誰搬走了我的乳酪？》（*Who Moved My Cheese?*）在全球銷售數百萬冊，內容是一則商業寓言，描述兩個住在迷宮裡，熱愛乳酪，體型也與老鼠相仿的小矮人，一個叫猶豫，一個叫哈哈。多年來，他們在同一個地方找乳酪吃，但這一天，猶豫和哈哈醒來，卻發現他們最愛的切達乳酪不見了。有人，沒錯，一定是有人把乳酪搬走了。猶豫和哈哈面對劇變，反應各不相同。怨天尤人的猶豫想等人把乳酪放回來；行動派但實際的哈哈，則想進入迷宮裡找乳酪。故事最後，哈哈說服了猶豫，一起採取行動解決問題，而不是坐待問題自動消失，最後兩人又重新過著快樂的日子（或直到乳酪又不見為止）。這則寓言的教訓是：生命中的挑戰是無可避免的，當改變來到時，最明智的應對之道，不是抱怨或發牢騷，而是迎接挑戰，解決問題。

我同意這本書的寓意，但對作者的隱喻卻有不同意見。在感性時代，亞洲和自動化因素，確實可能不斷搬動我們的乳酪，但在物質充裕的今天，我們已不再處於迷宮（Maze）之中。比迷宮更能反映現況的隱喻，應該是曲徑（Labyrinth）。

迷宮和曲徑常被歸類為相同的東西，但兩者間實有關鍵性的差別。迷宮是一系列互不相通、讓人困惑的路徑，

其中多數都是死胡同。進了迷宮之後，你的目標就是逃離
──而且越快越好。相反地，曲徑卻是一條螺旋狀的步
道。走入曲徑，是爲了隨著蜿蜒的路徑抵達中心，然後止
步，回頭，順原路走回出發點──步調快慢任君選擇。迷
宮是挑戰理智的謎題；曲徑則是提供冥想的空間。迷宮讓
人困惑；曲徑讓人清澈。在迷宮裡你可能迷失方向；在曲
徑裡你可以忘卻俗務。迷宮需要動用左腦，而曲徑能夠解
放右腦。

　　目前全美共有超過四千座公立或私人曲徑步道。它們
突然大受歡迎的原因，與本書提到的許多趨勢有關。「當
代美國人試圖在教堂之外，尋找其它性靈體驗和慰藉，使
得曲徑受到越來越多人的青睞，藉以施行禱告、自省，和
情感療傷，」《紐約時報》如此報導。[15] 如今曲徑已隨處
可見，在瑞士的市區廣場、英國的村莊綠地，印第安那州
和華盛頓州的幾座公園，北歐丹麥的公園、北加州大學校
園、南加州監獄、曼哈頓河濱教堂等崇拜會所內，還有華
府國家大教堂、阿爾班尼的衛理教會教堂、聖荷西的唯一
教會教堂，以及休士頓猶太會所內，都可以找到曲徑步
道。[16] 曲徑也在醫療院所內流行起來──例如下一幅圖片
中的就是巴爾的摩市約翰‧霍普金斯大學灣景醫學中心
（Bayview Medical Center）的曲徑步道。

　　這座我不久前造訪的步道，是由四英吋見方的磚塊鋪設而成。八道由同尺寸白色磚塊組成的圓環，圍繞著直徑約兩英尺的圓心。外緣幾個磚塊上分別印有下列文字：**創造、信仰、智慧、相信**。造訪者通常先選一個字覆頌，就像打坐時默念的經文一樣。而我的曲徑體驗，是從向左進入第一外環開始。我觀察週遭，只見一邊是醫學中心建築物，另一邊是停車場，完全沒有心靈超脫的感受，只覺得自己在繞圈子。於是我重新來過，為了避免干擾，這回我垂目下望，把視線集中在前方路徑的兩條曲線，然後開步走──速度盡可能的緩慢。弧線逐漸在我兩旁延伸，不久後，我開始覺得像在一條漫長空蕩的道路上行駛，由於不需太多注意力，我的心神開始飄蕩到其他地方──出乎意

料的是，這竟帶來一種鎮定心神的作用。這種感覺和第六章的繪畫課，以及第八章的大笑俱樂部，效果頗為類似。它阻斷了我的左腦思考習慣。「曲徑是右腦的度假天堂，」負責設計和建造這座約翰‧霍普金斯大學校園曲徑的大衛‧陶茲曼（David Tolzman）說，「當左腦忙著前方路徑的邏輯判斷時，右腦獲得了創意思考的自由。」

將曲徑引入當代文化視野的最大功臣，是舊金山慈恩堂（Grace Cathedral）的聖公會祭司羅蘭‧阿粹司（Lauren Artress）。幾年前她造訪法國沙特爾大教堂（Chatres Cathedral）時，發現中殿地板上，刻劃著一幅直徑四十二英呎的曲徑步道。當時教堂中殿擺滿了椅子，步道早已荒廢了兩百五十年無人使用。阿粹司把椅子移開，繞著曲徑漫步，隨即決定把曲徑概念帶入美國。她在慈恩堂設立了兩座曲徑，頗受訪客歡迎。她還另外成立了一個叫做「維帝塔」（Verditas）的部門，專為教堂和其他單位提供建造曲徑的訓練和相關資料。

「我們生活在一個左腦的世界裡…但未來的需求卻大不相同，我們必須設法調整，才能迎接下個世紀的挑戰，」阿粹司認為。當人走進曲徑，「意識就從線性轉為非線性，」同時浮現「內在深層、直覺、模式體驗的那一部分。」這種體驗不同與身處迷宮的感受，她說：「〔曲徑〕讓你進入另一片內在領域，而非執著於解題和外在肯

定。」不只如此，曲徑的形狀也有特殊用意。「圓，是完滿和諧的象徵，因此當人走進曲徑步道時，彷彿就看到自己的一生。」[17]

> 「我們不是追求性靈的凡人，而是行走凡間的性靈。」
> ——羅蘭・阿粹司，聖公教祭司兼曲徑推廣先驅

目前大約有四十個醫療院所設置了曲徑步道——分析這股**趨勢**由來，其實和「同理心」、「故事」進駐醫界的原因一致。越來越多醫界人士體認到，僅靠客觀分析有時並不足以治好病患——以往被認為是新世紀郎中的誇飾之詞，現在已證實可以協助病人好轉。這種全腦思維促使全世界最佳醫療機構之一的約翰・霍普金斯醫學中心，也設立了自己的曲徑步道。院方希望闢設一個園地，供病患、親屬以及醫護人員前往「放鬆身體與心靈」。而此一做法似乎已開始顯現效果。在這座曲徑步道旁，有兩本歷經風霜的黃色筆記本，專供走訪步道的人寫下心情感受，而其中的內容，正印證了曲徑慰藉人心、賦予意義的功效。有醫生護士來這裡寫下病房裡的挑戰與悲戚，有重症病患家屬來這裡禱告、思考、紓解心情，另外更有病患自己記下他們心路歷程——譬如下面這則，就是我到訪的前幾天寫下的：

追隨那些在我之前走過曲徑、寫下心聲的人，我亦在

此聊記感受。

　　對我來說，一星期前的手術，是新生命階段的開始。
當我走入步道時，挑選的字眼是「相信」。

　　我相信新的未來即將展開。

　　曲徑當然無法獨力拯救世界，本書所討論的高感性的
六種力量，也同樣不可能。從資訊時代到感性時代、從左
向思考到右向思考、從專注邏輯分析到兼顧藝術性靈，這
些轉變，都不是一蹴可及的。事實上，有價值的東西通常
都是如此。但或許這才是重點。維克多・法蘭科若仍在
世，應該會告訴我們：理想的人生不應是出於恐懼而追逐
乳酪，它應該像是在曲徑裡前進，而旅程的本身，就是目
的。

練　習　簿

設 計
故 事
整 合
同 理 心
玩 樂
意 義

說謝謝

　　心懷感謝好處多。對人抱持感恩的心，可以增加生命的滿足和意義。這也是塞利格曼博士（本章稍早曾提及他的著作）大力鼓吹「感恩出訪」（the gratitude visit）的原因。感恩出訪的做法是：回想一個曾對你表達善意、或曾經伸出援手，而你從未正式答謝的人。用心寫一封「感謝信」，清楚說明你要感謝他的原因，然後親自登門造訪，大聲唸出信的內容。根據塞利格曼的說法，整個過程會讓你留下深刻感受。「任何人在感恩出訪中必定激動落淚，對雙方來說都是極感人的經驗。」

塞利格曼和越來越多正向心理學者的研究都顯示，感恩是快樂的重要來源。對過往事物心存感恩的人，由於著眼於人性光輝而非不堪記憶，通常都較能滿足於現況。塞利格曼表示，感恩出訪是「強化、延長及增加正向記憶頻率」的有效方法。

　　另一個感恩出訪的理由，是它可以引發良性循環。被感謝的人往往開始回想自己生命中值得感謝的人，從而踏上自己的感謝之旅，如此不斷激發感謝動能，傳遞感恩與滿足的連鎖效應。

　　從感恩出訪衍生而出的，還有「生日感謝清單」與「每日一感謝」。生日感謝清單很容易做，就是在每年生日當天，列出一份你要感謝的事物——清單上的條目就等於你的歲數。（例如我自己過四十歲生日時，名單上就包括了「紅酒」、「孩子均身心健康」、「活在自由國家」等等。）每年在清單上添加一項——這是因為年紀越大，感恩的事物應該就越多。保管好這份清單，每年拿出來檢閱。它會帶給你生命的滿足感，減緩你對光陰飛逝的焦慮。另外，「每日一感謝」則是將感恩融入日常生活的一種方式。每天在特定時刻，回想一件讓你感激的事物。有些人習慣在睡前這麼做，有些人則在做其他事時一併反省——像是早上喝咖啡時，摺被子時、出門那一刻等等。上述這些感恩活動，可能會讓有些人覺得做作不習慣，但無

論如何試試看，我保證你會感謝我的。

「二十和十」測驗

　　這個測驗是我從吉姆·柯林斯（Jim Collins）那兒聽來的。他是《從A到A+》（*Good to Great*）一書的作者。他鼓勵人們回顧自己的生命——尤其是工作歷程——同時自問：如果銀行帳戶裡有美金兩千萬，或只剩下十年可活，是否還會做現在的工作？譬如說，假使你繼承了兩千萬美金，而且這筆錢任你處置，那麼你還會堅持現在的生活方式嗎？如果答案是否定的，意味著你該有所省思了。這個測驗雖無法指點你未來的方向，但問題的角度卻很巧妙——而且答案可以幫你釐清很多事。

性靈指數

　　在為本書尋找資料過程中，我發現兩套自我測驗，可供評量個人在追尋「意義」時的特質與傾向。這些測驗的評估目標和我所謂的「意義」並不完全一致，但做了不失樂趣與效益，值得一試。

　　第一套測驗是馬里蘭州羅耀拉學院（Loyola College）羅夫·派德蒙（Ralph Piedmont）教授設計的性靈出世量表

（Spiritual Transcendence Scale，簡稱ST量表）。它就像先前提到的各種測驗一樣，要求受測者填寫一系列問題，再依答案計算分數。派德蒙表示，「ST測驗分數高的人，普遍相信生命有超越肉身存在以外的更高目的和意義…ST測驗分數低的人，則較關心物質層面，認為生命並無現實以外的更高意義。」

（詳情可上網www.evergreen.loyola.edu/~rpiedmont/STSR.htm）

第二項測驗稱為核心性靈體驗指數（Index of Core Spiritual Experience，簡稱INSPIRIT），是由麻州萊斯利學院（Lesley College）傑拉德‧卡斯（Jared Kass）博士所設計。測驗目的是瞭解受測者的性靈生活和整體人生觀——並判斷兩者交集的程度。舉例而言，我的測驗結果評語是：「你有健康的人生觀，但性靈體驗或許不是主要因素。」再次強調，你不可能光靠這個測驗就認識自我，但它有助釐清你的快樂當中有多少來自性靈滿足。

（詳情可上網www.tinyurl.com/5sz7u）

讀幾本書

要擬一份討論意義的書單很不容易，因為已經有太多世界名著和宗教典籍，都在鑽研人生意義與尋求之道。因此下面這份建議書單並無意取代經文寶典。你可以從登山

寶訓（Sermon on the Mount）、摩西五書（Torah），和可蘭經（Koran）中學習人生至理，但若想從比較世俗、當代的角度探索意義，並獲取較具體的建議，可以考慮下面幾本好書。

《活出意義來》，維克多‧法蘭科著——有史以來最重要的著作之一。

《真實的快樂》（*Authentic Happiness*），塞利格曼著——我很驚訝地發現還有很多人沒讀過這本書，因而錯失其中的重要訊息。這是一本介紹正向心理學的好書，還附帶幫助你實踐書中感知力的練習活動。

（詳情起上網www.authentichappiness.org）

《快樂，從心開始》（*Flow*），奇克森米海伊著——所謂心流(flow)，是指極度專注於特定活動，甚至失去時空感受的一種狀態，也是追尋意義時的重要體驗之一。這本書有詳盡解說。

《這輩子，你想做什麼？》（*What Should I Do with My Life?*），坡‧布朗森（Poe Bronson）著——這是每個人都該自問的問題——布朗森也成功地讓許多讀者開始反省自己的生命。作者蒐集了各行各業的感人故事、勵志人生和睿智見解，供讀者尋找解答。

《用心》（*Mindfulness*），艾倫・蘭格（Ellen Langer）著——哈佛大學教授蘭格認為，太多人在生活中不用心，輕易任時間流逝。人們被例行公事所牽絆，忽略了週遭事物，因此她認為，打破這種因循思考，才能激發創造力、發現意義。

《生活更快樂》（*The Art of Happiness*），達賴喇嘛與霍華德・卡特勒（Howard C. Cutler, M.D.）合著——這是達賴喇嘛與卡特勒的對談紀錄。在一系列訪談中，達賴解釋他的生命哲學，闡述他「生命的目的就是尋找快樂」的主張。還有兩本相關書籍也值得一讀：《找到工作中的幸福》（*The Art of Happiness at Work*）也是達賴與卡特勒協力之作，進一步將達賴的快樂理論延伸到辦公室。而《破壞性情緒管理》（*Destructive Emotions*）則是達賴喇嘛與丹尼爾・高曼在兩千年「心靈與生命」（Mind and Life）研討會中進行的有趣「科學對話」。

造訪曲徑

我試過打坐——結果很糟糕。我也考慮過瑜珈，但不夠柔軟（至少身體如此）。可是我發現曲徑卻能讓我一試再試——甚至讓我動起了在後院搭建私人曲徑的念頭。對

於注意力無法長時間集中、不喜歡靜坐的我來說，曲徑的好處是要不斷走動。而事實證明行動打坐，也可以帶來澄靜思緒的效果。如果想找個曲徑步道來嘗試，可試試下列網站。

全球曲徑指南（The Worldwide Labyrinth Locator）
wwll.veriditas.labyrinthsociety.org
在這個網站輸入你所在的城市及國家，即可找到距離你最近的曲徑步道。

曲徑協會（The Labyrinth Society）
www.labyrinthsociety.org
又稱TLS。此協會網站提供豐富的曲徑步道相關資訊。另外，這裡也有一份資料較少的曲徑步道清單，和幾個有趣的視覺曲徑。

曲徑迷（Labyrinthos）
www.labyrinthos.net
英國的曲徑步道資訊網站，提供當地相關訊息。

若想更了解曲徑，可以研讀這兩本書：羅蘭·阿粹司寫的《神聖步道》（*Walking a Sacred Path*），以及德國攝影師喬根·哈慕斯（Jurgen Hohmuth）出版的寫真書《曲徑與迷宮》（*Labyrinths and Mazes*）。

如果讀者不幸也染上曲徑癮，還有各種隨身曲徑和曲徑自製工具組可供選用。販售這些產品的優良網站之一是曲徑公司（Labyrinth Company, www.labyrinthcompany.com），這家公司正是約翰・霍普金斯醫療中心那座步道的設計承包商。如果暫時不打算開挖前院，可以考慮一套木製的「手指曲徑」──讓你放置在掌上或膝上，用手指在溝槽中滑行，達到「行走」曲徑的效果。它有種奇妙的心情舒緩作用，而且不必出門就能做。

（詳情可上網www.relax4life.com）

九十歲的你

長壽越來越普遍──很多人都會活到九旬。騰出半個小時，想像自己九十歲的模樣，揣想九旬老人的心情。當你站在人生的制高點上回顧生命，有何評價？你成就了什麼？貢獻了什麼？有遺憾嗎？這個練習並不容易──無論從技術或情感上的角度上來說皆如此，但做了卻可能受益無窮。它能幫助你實行維克多・法蘭科最發人深省的人生靜言：「想像今天是你重生的日子，前生的錯誤都可以在你手中改正，試著以這種態度面對每一天。」

後記

這本書探討了許多議題，也造訪了許多地方，盼望讀者從書中獲得的樂趣，與我寫作時一樣多。而在各位掩書準備迎接感性時代之際，且讓我致上最後隻言片語。

如第三章中所說，你我的未來繫於三個問題，在新時代降臨的此刻，我們每一個人都必須檢討自己的營生，捫心自問：

一、海外勞工是否比我更便宜？
二、電腦是否比我更快？

三、在物質優渥的今天，我的工作能否滿足非物質、精神面的需求？

這三個問題將決定誰能在下個世代搶得先機。個人和企業單位若能專注於海外知識勞工無法低價提供、電腦無法快速完成、又能迎合美感、情感和精神需求的產品服務，即可坐享成就，反之，若忽略這三個問題，則將寸步難行。

本書手稿完成後，又有兩組經濟學家提出支持本書中心要旨的研究報告。達拉斯市聯邦準備銀行（Federal Reserve Bank）的麥可·考克斯（W. Michael Cox）和理查·阿爾姆（Richard Alm）檢視過去十年的就業數據，發現人數成長最快的是那些需要「人際技巧和情緒智商」（例如護理人員）以及「想像與創造力」（例如設計師）的職業。另外，麻省理工學院的法蘭克·李維（Frank Levy），和哈佛大學的理查·莫南（Richard Murnane）合寫了一本優秀好書《新勞動力分工：電腦如何打造新勞動市場》（*New Division of Labor : How Computer Are Creating the Next Job Market*），書中直指電腦正逐步取代例行性工作。作者表示，桌上型電腦普及和企業流程自動化導致兩種人類技能的價值提升。第一種是他們所謂的「專家思考——解決沒有固定因應之道的新問題」，另一種則是「複雜溝

通——勸說、解釋，或以其他方式傳達特定的資訊觀點」。

可以確定的是，感性時代即將來到，而能否存活於新時代，將取決是否掌握了本書描述的高感性、高體會技能。新的社經潮流同時蘊含著契機與危機。契機的來源，是感性時代職場的高度民主化。你並不一定要創造出下一代手機，或是找到新的可再生能源，因為除了發明家、藝術家、創業家之外，社會也需要富想像力、EQ高、右腦思考的專業人士——如輔導員、按摩治療師、老師、髮型設計師，和高明的業務員。此外，就如本書一再強調的，新時代所需求的能力——設計、故事、整合、同理心、玩樂，和意義——基本上都是人類本能。它們原本就存在，只待我們去喚醒和培養。

至於危機，則是因為當今一切均以高速演進：電腦網路的運算速度和連結與日俱增；中國和印度已成長為龐大的經濟勢力；物質生活水準在先進國家持續提升。這意味著先行動的人才能獲得最大報酬。最快培養出全腦思維，並掌握高體會、高感性技能的人，將可如魚得水，其他人——行動較慢或拒絕行動者——則可能錯失機會，或甚至無法生存。

選擇權在各位的手裡。新時代充滿了機會，但對思想頑固或反應緩慢的人來說卻是荊棘叢生。我希望這本書能

帶給你邁向新世紀時的靈感和輔助工具。我很願意傾聽您的經驗如果你想訴說你的故事，或認為有哪些活動可以加入練習簿，請不吝告訴我。我的電子信箱是 dhp@danpink.com。

最後，感謝你成為我的讀者。願你在藝術與心靈的時代，一路順風。

丹尼爾‧品克，美國華府

致謝

　　《未來在等待的人才》這本書是眾多左腦和右腦激盪的成果。有一、兩百人參與書中相關訪談，協助我釐清各種觀念與大量資訊，在此感謝各位襄助。而在這些人當中，又有部份必須在此特致謝忱：

　　雷夫·沙葛林（Rafe Sagalyn）是最優秀的經紀人、最精明的顧問，也是作家最好的朋友。這本書的每一個環節他都出力甚多，他也明智地僱用了珍妮佛·葛拉罕（Jennifer Graham）與愛咪·羅森索（Amy Rosenthal）兩人。

還要多謝這本書的責任編輯——Riverhead Books的辛蒂・史匹葛（Cindy Spiegel）。她大度包容我的過度完美主義——她的助理蘇珊・安柏勒（Susan Ambler）也極有耐性。

史基摩爾學院（Skidmore College）的馬克・泰特爾（Marc Tetel）為我反覆校閱書中有關大腦醫學的部份。誰能預料，四分之一個世紀前，與我住在北卡羅萊納同一排新生宿舍裡那名瘦削男孩，如今竟成為一流的科學家、傑出校閱者，又兼我的老友。（如果書中還有疏誤，那是我的問題——不是他的。）此外，另一位當年在宿舍結識的老友，現在也是神經科學家的喬恩・奧爾巴赫（Jon Auerbach），則是建議我到國家衛生研究院做大腦掃描的人，在此感謝他的指點。

湯姆・彼德斯（Tom Peters）、賽斯・高汀（Seth Godin）和波歐・布朗森（Po Bronson）給我無數寫作和行銷上的建議。丹恩・查爾斯（Dan Charles）、傑克・唐納修（Jack Donahue）、萊絲莉・平克（Lesley Pink）、艾倫・偉柏（Alan Webber）和雷妮・祖克普洛（Renee Zuckerbrot）等人費心試閱初稿，提出許多寶貴建言。傑夫・歐布萊恩（Jeff O'Brien）與鮑布・柯恩（Bob Cohn）指引我修正有關委外生產和感性時代的論述，使其更具說服力。

一如以往，最深的謝意，還是要獻給我的家人。品克

家孩子——蘇菲亞、伊莉莎，和索爾——讓我的生命充滿驚嘆、驕傲和謙卑。雖然他們還小，但我很高興看到他們似乎都朝著高感性、高體會的道路前進——蘇菲亞想寫小說，伊莉沙想當美術老師，索爾打算開挖土機。最後，還有他們的母親，潔西卡‧勒納（Jessica Anne Lerner）。她對這本書的貢獻比表面上高出太多。有了她，我的腦袋、心靈，和生命才算完整。

註釋

楔子：知識不再是力量

1. 就我所知，首先提出「高體會」（high touch）一詞的人是約翰・奈斯比（John Naisbitt）。他在一九八二年出版的《大趨勢》（*Megatrends*）中，以高體會形容過往人類對科技進展的相似反應。「新科技在融入社會前，」奈斯比寫道：「必須激發相稱的人性感受——也就是高體會——否則將受到排拒。」雖然本書中的高體會與其意義不同，但在此仍要聲明此一詞彙非我所創，奈斯比才是最早的創始者。

1　右腦興起：感性才是力量

1. 事實上，按鍵選擇和分辨表情並非實驗的主要目的。實驗人員設計這些活動，只是要誘導受測者專心觀察圖片。

2. Floyd E. Bloom, M.D., M. Flint Beal, M.D., David J. Kupfer, M.D., *The Dana Guide to Brain Health* (Free Press, 2003), 14, 28, 85; Susan Greenfield, *The Human Brain: A Guided Tour* (Weidenfeld & Nicholson, 1997), 28.

3. Nicholas Wade, "Roger Sperry, a Nobel Winner for Brain Studies, Dies at 80," *New York Times* (April 20, 1994).

4. Betty Edwards, *The New Drawing on the Right Side of the Brain* (Tarcher/Putnam, 1999), 4.

5. Robert Ornstein, *The Right Mind: Making Sense of the Hemispheres* (Harcourt Brace & Company, 1997), 2.

6. Bloom et al., 8.

7. Eric A. Havelock, *The Muse Learns to Write: Reflections on Orality and Literacy from Antiquity to the Present* (Yale University Press, 1988), 110 —117.

8. Neil R. Carlson, *Physiology of Behavior,* Eighth Edition (Allyn and Bacon, 2004), 84—85.

9. Ibid., 48.

10. Chris McManus, *Right Hand Left Hand: The Origins of Asymmetry in Brains, Bodies, Atoms and Cultures* (Harvard University Press, 2002), 181.

11. Ornstein, 37. 另一個例子：「日文同時具備表音符號（假名）與象形符號（漢字）。研究者發現左腦比較善於處理假名，而右腦理解漢字的能力較強。」Ornstein, 41。

12. Ornstein, 140.

13. 13.Carlson, 84—85.

14. Jerre Levy-Agresti and R. W. Sperry, "Differential Perceptual Capacities

in Major and Minor Hemispheres," *Proceedings of the National Academy of Sciences* (vol. 61, 1968).

15. 這個譬喻不是我想出來的，我是從神經專家那裡聽來的，不過他們都不清楚是誰發明這個絕妙比喻的。

16. Ahmad Hariri et al., "The Amygdala Response to Emotional Stimuli: A Comparison of Faces and Scenes," *NeuroImage* 17 (2002), 217—223. See also Elizabeth A. Phelps et al., "Activation of the Left Amygdala to a Cognitive Representation of Fear," *Nature Neuroscience* (April 2001).

17. Paul Ekman, *Emotions Revealed: Recognizing Faces and Feelings to Improve Communication and Emotional Life* (Times Books, 2003), 13.

18. McManus, 183—84.

2 富裕、亞洲，和自動化

1. 杜拉克最早在他一九五九年的《明日趨勢》(*The Landmarks of Tomorrow*)一書中，提出「知識工作者」的概念雛型；但此一名詞具體出現，則是在杜拉克刊載於Dun's Review and Modern Industry 74 (December 1959)的「未來十年管理趨勢」(The Next Decade in Management)一文中。本段第一句引言是根據Richard Donkin的傑出研究著作，以及他寫在二〇〇二年十月三十號《金融時報》的「當員工也是金主」(Employees as Investors)一文。第二和第三句引言，來自杜拉克刊登在《大西洋月刊》(*The Atlantic Monthly*)(November 1994)上的文章「社會轉型時代」(The Age of Social Transformation)。至於杜拉克對此一主題的最新看法，可參考《經濟學人》(November 1, 2003)登載的「明日社會」(The Next Society)一文。杜拉克在文中將知識工作者定義爲：「擁有充分理論學養背景之人，如醫師、律師、會計師、化學工程師。」

2. Staples 2003 *Annual Report*; Staples Corporate Overview (available at www.corporate-ir.net/ireye/ir_site.zhtml?ticker=PR_96244&script=2100); "PETsMART Reports Second Quarter 2003 Results," *PETsMART 2003 Annual Report* (August 28, 2003).

3. Gregg Easterbrook, *The Progress Paradox: How Life Gets Better While People Feel Worse* (Random House, 2003), 6. Easterbrook's smart book also contains a collection of other statistics that confirm the shift from scarcity to abundance.

4. Data are from the U.S. Bureau of Transportation Statistics' 2001 *National Household Travel Survey*, available at www.bts.gov.

5. John De Graaf, David Wann, and Thomas H. Naylor, *Affluenza: The All-Consuming Epidemic* (Berrett-Koehler Publishers, Inc., 2002), 32. See also data at www.selfstorage.org.

6. Polly LaBarre, "How to Lead a Rich Life," *Fast Company* (March 2003).

7. Virginia Postrel, *The Substance of Style: How the Rise of Aesthetic Value Is Remaking Culture, Commerce, and Consciousness* (HarperCollins, 2003). 同樣出自Postrel：「但更重要的是，美感價值正逐漸超越其他商品特性。當我們思考如何分配金錢與時間時，在考慮已擁有的東西，和各選項的成本效益後，往往最後是以『外觀與感受』來做優劣判定。我們不想要更多食物，也不希罕外出用餐——我們早已吃膩了。相反地，我們渴望的是更美味，更多花樣的餐點，和更吸引人的用餐環境。這是從務實需求，演進為感性、無形需求的轉變。」

8. Andrew Delbanco, *The Real American Dream: A Meditation on Hope* (Harvard University Press, 1999), 113.

9. Robert William Fogel, *The Fourth Great Awakening and the Future of Egalitarianism* (University of Chicago Press, 2000), 3.

10. "Wax Buildup," *American Demographics* (March 2002).

11. Rachel Konrad, "Job Exports May Imperil U.S. Programmers," Associated Press (July 13, 2003).

12. Pankaj Mishra, "India: On the Downswing of Software Outsourcing," *Asia Computer Weekly* (January 13, 2003).

13. Khozem Merchant, "GE Champions India's World Class Services," *Financial Times* (June 3, 2003).

14. Amy Waldman, "More 'Can I Help You?' Jobs Migrate from U.S. to India," *New York Times* (May 11, 2003); Joanna Slater, "Calling India . . . Why Wall Street Is Dialing Overseas for Research," *Wall Street Journal* (October 2, 2003).

15. Pete Engardio, Aaron Bernstein, and Manjeet Kriplani, "Is Your Job Next?" *Business Week* (February 3, 2003); Merchant, "GE Champions"; "Sun Chief to Woo India in Software War," *Reuters* (March 4, 2003); Eric Auchard, "One in 10 Tech Jobs May Move Overseas, Report Says," *Reuters* (July 30, 2003); Steven Greenhouse, "I.B.M. Explores Shift of White-Collar Jobs Overseas," *New York Times* (July 22, 2003); Bruce Einhorn, "High Tech in China," *Business Week* (October 28, 2002).

16. Engardio et al., "Is Your Job Next?".

17. Auchard, "One in 10 Tech Jobs"; "Outsourcing to Usurp More U.S. Jobs," CNET News.com (August 31, 2003); Paul Taylor, "Outsourcing of IT Jobs Predicted to Continue," *Financial Times* (March 17, 2004).

18. John C. McCarthy, with Amy Dash, Heather Liddell, Christine Ferrusi

Ross, and Bruce D. Temkin, "3.3 Million U.S. Services Jobs to Go Offshore," *Forrester Research Brief* (November 11, 2002); Mark Gongloff, "U.S. Jobs Jumping Ship," CNN/Money (March 13, 2003).

19. George Monbiot, "The Flight to India," *Guardian* (October 21, 2003); Moumita Bakshi, "Over 1 Million Jobs in Europe Moving Out," *The Hindu* (Sept. 3, 2004).

20. "Not So Smart," *Economist* (January 30, 2003).

21. Rudy Chelminski, "This Time It's Personal," *Wired* (October 2001).

22. Robert Rizzo, "Deep Junior and Kasparov Play to a Draw," *Chess Life* (June 2003).

23. Steven Levy, "Man vs. Machine: Checkmate," *Newsweek* (July 21, 2003).

24. 此前一年，另一位西洋棋冠軍克拉姆尼克（Vladimir Kramnik），在與另一臺代號「極凍」（Deep Fritz）的電腦對奕時，也發生類似情節。這場棋賽在波斯灣國家巴林舉行，號稱「腦力對決」（Brains in Bahrain）。克拉姆尼克在比賽進行到第六局時仍保持領先，但在某個關鍵時刻，克拉姆尼克捨棄傳統走法，下了一著他自認創意十足的漂亮棋步。不幸的是，這一步卻毀了他的領先優勢，因此錯失獲勝契機。對此，克拉姆尼克賽後表示：「至少我下棋像個人。」Daniel King, "Kramnik and Fritz Play to a Standoff," Chess Life (February 2003).

25. Chelminski, "This Time It's Personal."

26. Paul Hoffman, "Who's Best at Chess? For Now, It's Neither Man Nor Machine," *New York Times* (February 8, 2003).

27. "The Best and the Brightest," *Esquire* (December 2002).

28. "Software That Writes Software," *Futurist Update* (March 2003).

29. Laura Landro, "Going Online to Make Life-and-Death Decisions," *Wall Street Journal* (October 10, 2002).

30. Laura Landro, "Please Get the Doctor Online Now," *Wall Street Journal* (May 22, 2003); "Patient, Heal Thyself," *Wired* (April 2001).

31. Jennifer 8. Lee, "Dot-Com, Esquire: Legal Guidance, Lawyer Optional," *New York Times* (February 22, 2001).

3 高感性‧高體會

1. 如前所述，我相信「高體會」一詞是由約翰‧奈斯比首創，不過他所謂的高體會，與本書所指並不相同。

2. Hilary Waldman, "Art & Arteries: Examining Paintings, Medical Students Learn to Be More Observant Doctors," *Hartford Courant* (March 1, 2000); Mike Anton, "Adding a Dose of Fine Arts," *Los Angeles Times* (May 24, 2003).

3. Yumiko Ono, "Rethinking How Japanese Should Think," *Wall Street Journal* (March 25, 2002); Anthony Faiola, "Japan's Empire of Cool," *Washington Post* (December 27, 2003); Geoffrey A. Fowler, "AstroBoy Flies Again," *Wall Street Journal* (January 15, 2004).

4. Danny Hakim, "An Artiste Invades Stodgy G.M.; Detroit Wonders if the 'Ultimate Car Guy' Can Fit In" *New York Times* (October 19, 2001); Danny Hakim, "G.M. Executive Preaches: Sweat the Smallest Details," *New York Times* (January 5, 2004)

5. John Hawkins, *The Creative Economy: How People Make Money from Ideas* (Allen Lane/The Penguin Press, 2001), 86. Virginia Postrel, *The Substance of Style: How the Rise of Aesthetic Value Is Remaking Culture, Commerce, and Consciousness* (HarperCollins, 2003), 17.

6. "2002 National Cross-Industry Estimates of Employment and Mean Annual Wage for SOC Major Occupational Groups," Occupational Employment Statistics Program, Bureau of Labor Statistics, available at www.bls.gov/oes/home.htm.

7. Richard Florida, *The Rise of the Creative Class: And How It's Transforming Work, Leisure, Community, and Everyday Life* (Basic Books, 2002), 328. 不可否認，Florida在美國都市計畫領域激起了省思的動力，不過他企圖以釀酒屋和挑高公寓帶動經濟發展的美好概念卻也飽受批評。論者認為他的計畫忽略了少數族裔和有孩子家庭的需求。也有人抨擊他的論點缺乏根據。我個人以為，Florida的言論引發了外界對此一課題的關注，光就這一點，他就功德無量了。

8. Hawkins, *Creative Economy,* 116; Justin Parkinson, "The Dawn of Creativity?" BBC News Online (June 24, 2003).

9. Remarks of Daniel Goleman, Human Resource Planning Society Annual Meeting, Miami Beach, Florida (March 27, 2002).

10. Adam D. Duthie, "Future SAT May Test Creativity," *Badger Herald* via University Wire (March 3, 2003); Rebecca Winters, "Testing That Je Ne Sais Quoi," Time (October 27, 2003); Robert J. Sternberg, "The Other Three R's: Part Two, Reasoning," *American Pyschological Association Monitor* (April 2003).

11. Arlene Weintraub, "Nursing: On the Critical List," *Business Week* (June 3, 2002).

12. Joel Stein, "Just Say Om," *Time* (August 4, 2003); Richard Corliss, "The Power of Yoga," *Time* (April 21, 2001); Mark Nollinger, "TV Goes with God," *TV Guide* (January 24, 2004)

13. Sandra Timmerman, "The Elusive Baby Boomer Market: In Search of the Magic Formula," *Journal of Financial Service Professionals* (September 2003).

14. Paul H. Ray and Sherry Ruth Anderson, *The Cultural Creatives: How 50 Million People Are Changing the World* (Three Rivers Press, 2000), 5, 11, 12.

4 不只有功能，還重設計

1. John Heskett, *Toothpicks and Logos: Design in Everyday Life* (Oxford University Press, 2002), 1.

2. Virginia Postrel, *The Substance of Style* (HarperCollins, 2003), 16.

3. "Pricing Beauty: Reflections on Aesthetics and Value, An Interview with Virginia Postrel," *Gain 2.0,* AIGA Business and Design Conference, American Institute of Graphic Arts (September 2002).

4. Heckett, 89.

5. "U.S. Bans Time-Honoured Typeface," Agence France-Presse (January 30, 2004).

6. Jason Tanz, "From Drab to Fab," *Fortune* (December 8, 2003).

7. Quoted in *Re-imagine! Business Excellence in a Disruptive Age* (Dorling Kindersley Limited, 2003), 134.

8. John Howkins, *The Creative Economy: How People Make Money from Ideas* (Allen Lane/The Penguin Press, 2003), 95.

9. Design Council UK, "Design in Britain 2003—04," 9. Available at www.design-council.org.uk.

10. Jean-Leon Bouchenaire, "Steering the Brand in the Auto Industry," *Design Management Journal* (Winter 2003).

11. Chris Bangle, "The Ultimate Creativity Machine: How BMW Turns Art into Profit," *Harvard Business Review* (January 2001).

12. Kevin Naughton, "Detroit's Hot Buttons," *Newsweek* (January 12, 2004).

13. Ibid.

14. Charles C. Mann, "Why 14-Year-Old Japanese Girls Rule the World," *Yahoo! Internet Life* (April 2001). The terms come from Iizuka. The material inside the parentheses is from Mann's excellent article.

15. Carolina A. Miranda, "Wow! Love Your Ring!" *Time* (January 21, 2004).

16. Marilyn Elias, "Sunlight Reduces Need for Pain Medication," *USA Today* (March 2, 2004).

17. "The Value of Good Design," report from the Commission for Architecture and the Built Environment (2002), available at www.cabe.org.uk.

18. Chee Pearlman, "How Green Is My Architecture," *Newsweek* (October 27, 2003); John Ritter, "Buildings Designed in a Cool Shade of 'Green,'" *USA Today* (March 31, 2004).

19. Peter Orszag and Jonathan Orszag, "Statistical Analysis of Palm Beach Vote" (November 8, 2000), available at www.sbgo.com.

20. Dennis Cauchon and Jim Drinkard, "Florida Voter Errors Cost Gore the Election," *USA Today* (May 11, 2003).

5 不只有論點，還說故事

1. Mark Turner, *The Literary Mind: The Origins of Thought and Language* (Oxford University Press, 1996), 4—5.

2. Don Norman, *Things That Make Us Smart: Defending Human Attributes in the Age of the Machine* (Perseus, 1994), 146.

3. "Storytelling That Moves People: A Conversation with Screenwriting Coach Robert McKee," *Harvard Business Review* (June 2003).

4. .See Steve Denning's Web site, www.stevedenning.com/index.htm; D. McCloskey and A. Klamer (1995). One quarter of GDP is persuasion. *American Economic Review* 85, 191—195.

5. Stephen Denning, *The Springboard: How Storytelling Ignites Action in Knowledge-Era Organizations* (Butterworth Heiman, 2001), xvii.

6. "Interview with Richard Olivier," *Fast Company* (October 2000).

7. Jamie Talan, "Storytelling for Doctors; Medical Schools Try Teaching Compassion by Having Students Write About Patients," *Newsday* (May 27, 2003).

8. Rita Charon, "Narrative Medicine: A Model for Empathy, Reflection, Profession, and Trust," *Journal of the American Medical Association* (October 17, 2001).

9. Ibid.

10. Mike Anton, "Adding a Dose of Fine Arts," *Los Angeles Times* (May 24, 2003).

11. Christine Haughney, "Creative Writing: Old Balm in a New Forum," *Washington Post* (August 3, 2003); Michael Bond, "The Word Doctor," *New Scientist* (January 14, 2003).

12. Katherine S. Mangan, "Behind Every Symptom, a Story," *Chronicle of Higher Education* (February 13, 2004).

6 不只談專業，還須整合

1. 感謝Bill Taylor與Ron Lieber提出這些人士作為範例。

2. .Mihalyi Csikszentmihalyi, *Creativity: Flow and the Psychology of Discovery and Invention* (HarperCollins, 1996), 9.

3. "Interview with Clement Mok," *Fast Company* (January 2003).

4. Nicholas Negroponte, "Creating a Culture of Ideas," *Technology Review* (February 2003).

5. Csikszentmihalyi, 71.

6. M. Jung-Beemna, E. M. Bowden, J. Haberman, et al., "Neural Activity When People Solve Verbal Problems with Insight," *PloS Biology* (April 2004).

7. George Lakoff and Mark Turner, *More Than Cool Reason: A Field Guide to Poetic Metaphor* (University of Chicago Press, 1989), 214—15; George Lakoff and Mark Johnson, *Metaphors We Live By* (University of Chicago Press, 1980), 6.

8. Keith J. Holyoak, *Mental Leaps: Analogy in Creative Thought* (MIT Press, 1996), 6.

9. Twyla Tharp, *The Creative Habit: Learn It and Use it for Life* (Simon and Schuster, 2003), 157.

10. See Gerald Zaltman, *How Customers Think* (Harvard Business School Press, 2003); Daniel H. Pink, "Metaphor Marketing," *Fast Company* (April 1998).

11. Lakoff and Johnson, 233.

12. Charlotte Gill, "Dyslexics Bank of Disability," *Courier Mail* (Queensland, Australia) (October 7, 2003).

13. Sally Shaywitz, *Overcoming Dyslexia* (Knopf, 2003), 366.

14. .Michael Gerber, "The Entrepreneur as a Systems Thinker: A Revolution in the Making," *Entreworld* (August 17, 2003). See also the work of Peter Senge, who helped bring "systems thinking" into the business vocabulary.

15. Daniel Goleman, *Working with Emotional Intelligence* (Bantam, 1998), 33.

16. Sidney Harman, *Mind Your Own Business: A Maverick's Guide to Business, Leadership and Life* (Currency Doubleday, 2003), 10.

17. 引自美國整體醫療協會（American Holistic Medical Association）成立宗旨，參見www.holisticmedicine.org。

7 不只講邏輯，還給關懷

1. Steven M. Platek et al., "Contagious Yawning: The Role of Self-Awareness and Mental State Attribution," *Cognitive Brain Research,* vol. 17 (2003), 223—27.

2. Daniel Goleman, *Emotional Intelligence: Why It Can Matter More Than IQ* (Bantam, 1995), 96—97.

3. Richard Restak, M.D., *Mozart's Brain and the Fighter Pilot: Unleashing Your Brain's Potential* (Harmony Books, 2001).

4. Rowan Hooper, "Reading the Mind Through the Face," *Japan Times* (May 22, 2003).

5. Akiko Busch, ed., *Design Is . . .* (Metropolis Books, 2001), 105.

6. Paul Ekman, *Emotions Revealed: Recognizing Faces and Feelings to Improve Communication and Emotional Life* (Times Books, 2003), 220.

7. Ibid., 205—206.

8. Ibid., 220.

9. Jodi Halpern, *From Detached Concern to Empathy: Humanizing Medical Practice* (Oxford University Press, 2001).

10. Susan Okie, "An Act of Empathy," *Washington Post* (October 21, 2003). Rachel Zimmerman, "Doctors' New Tool to Fight Lawsuits: Saying 'I'm Sorry,'" *Wall Street Journal* (May 18, 2004)

11. M. Hojat et al., "Empathy in Medical Students as Related to Academic Performance, Clinical Competence and Gender," *Medical Education* (June 2002).

12. S. K. Fields et al., "Comparisons of Nurses and Physicians on an Operational Measure of Empathy," *Evaluation and the Health Professions* (March 2004).

13. Sandra Yin, "Wanted: One Million Nurses," *American Demographics* (September 2002); Julie Appleby, "Professionals Sick of Old Routine Find Healthy Rewards in Nursing," *USA Today* (August 16, 2004).

14. "Public Rates Nursing as Most Honest and Ethical Profession," Gallup press release (December 1, 2003).

15. Fran Foo, "Survey: Outsourcing May Hit IT Careers," *CNET News* (July 9, 2003).

16. .David G. Myers, *Intuition: Its Powers and Perils* (Yale University Press, 2002), 46.

17. Simon Baron-Cohen, *The Essential Difference: The Truth About the Male and Female Brain* (Basic Books, 2003), 31.

18. Myers, 46.

19. Baron-Cohen, 1.

20. Ibid., 8.

21. Ibid., 5.

22. Ibid., 176.

8　不只能正經，還會玩樂

1. David L. Collinson, "Managing Humour," *Journal of Management Studies* (May 2002).

2. 欲進一步了解「玩樂倫理」，可參考Pat Kane, *The Play Etic: A Manifesto for a Different Way of Living* (Macmillan, 2004).

3. Diya Gullapalli, "To Do: Schedule Meeting, Play with Legos," *Wall Street Journal* (August 16, 2002).

4. Collinson, "Managing Humour."

5. 欲深入了解此電玩源起，可參考 "Tap into What's Hot," *Business 2.0* (April 2003)，與Brian Kennedy, "Uncle Sam Wants You (To Play This Game)," *New York Times* (July 11, 2002).

6. T. Trent Gegax, "Full Metal Joystick," *Newsweek* (October 14, 2002).

7. *Essential Facts About the Computer and Video Game Industry: 2003 Sales, Demographics and Usage Data (2003),* published by the Interactive Digital Software Association, available at www.idsa.com.

8. Ellen Edwards, "Plug (the Product) and Play," *Washington Post* (January 26, 2003); David Brooks, "Oversimulated Suburbia," *New York Times Magazine* (November 24, 2002); Peter Lewis, "The Biggest Game in Town," *Fortune* (September 15, 2003).

9. David Kushner, "The Wrinkled Future of Online Gaming," *Wired* (June 2004); Zev Borow, "The Godfather," *Wired* (January 2003).

10. James Sullivan, "Digital Art Finds More Than Joy in Joysticks," *San Francisco Chronicle* (January 22, 2004).

11. Don Marinelli and Randy Pausch, "Edutainment for the College

Classroom," *Chronicle of Higher Education* (March 19, 2004).

12. James Paul Gee, *What Video Games Have to Teach Us About Learning and Literacy* (Palgrave Macmillan, 2003), 205.

13. Scott Carlson, "Can Grand Theft Auto Inspire Professors?" *Chronicle of Higher Education* (August 15, 2003).

14. Gee, 91.

15. Shawn Greene and Daphne Bavelier, "Action Video Game Modifies Visual Selective Attention," *Nature* (May 2003).

16. "Study: Gamers Make Good Surgeons," *CBSNews.com* (April 7, 2004).

17. "Games at Work May Be Good For You," *BBC News* (November 10, 2003).

18. " Study Finds Video Games Good for Treating Phobias," Reuters (October 17, 2003); Fred Guterl, "Bionic Youth: Too Much Information?," *Newsweek International* (September 1, 2003).

19. Kenneth Aaron, "Where Play Is Serious Business," Albany, NY, *Times Union* (December 10, 2002).

20. Tom Loftus, "Gaming Tries to Shed Boys' Club Image," *MSNBC.com* (June 17, 2004).

21. Marc Krantz, "Video Game College Is 'Boot Camp' for Designers," *USA Today* (December 3, 2002).

22. Alex Pham, "Action Morphs into Art," *Los Angeles Times* (March 26, 2004).

23. P. Shammi and D. T. Stuss, "Humour Appreciation: A Role of the Right Frontal Lobe," *Brain* (1999), vol. 122, 663.

24. Fabio Sala, "Laughing All the Way to the Bank," *Harvard Business Review* (September 2003).

25. Sala,〝Laughing All the Way to the Bank.〞

26. Collinson,〝Managing Humour.〞

27. Ibid.

28. Ibid.

29. Thomas A. Stewart,〝Laughter, the Best Consultant,〞 *Harvard Business Review* (February 2004).

30. 此標題取自著名《讀者文摘》專欄。這篇文章延續美國人Norman Cousins精神,此人在得知罹換慢性致命病後,藉著服用維他命C,觀看馬克斯兄弟(Marks Brothers)爆笑電影和電視節目《歡樂一籮筐》(*Candid Camera*),最後不藥而癒。這段經歷曾分別紀錄在一九七六年《新英格蘭醫學期刊》(*New England Journal of Medicine*),以及一九七九年出版的《病之解析》(*Anatomy of an Illness*)一書中。.

31. L. Berk, S. Tan, W. Fry, et al.,〝Neuroendocrine and Stress Hormone Changes During Mirthful Laughter,〞 *American Journal of the Medical Sciences,* vol. 298, no. 6 (1989), 390—396. L. Berk and S. Tan,〝A Positive Emotion: The Eustress Metaphor. Mirthful Laughter Modulates Immune System Immunocytes,〞 *Annals of Behavioral Medicine,* vol. 19, no. D009 (1997 Supplement).

32. Robert R. Provine, *Laughter: A Scientific Investigation* (Penguin Books, 2001), 202.

33. Ibid., 193.

9 不只顧賺錢,還重意義

1. 一九九一年,美國國會圖書館與每月一書俱樂部(Book-of-the-Month Club)調查讀者認為對其一生影響最大的書,結果在包括

聖經和摩門經的前十名書單中，《活出意義來》排名高居第九。
參見Esther B. Fein, "Book Notes," *New York Times* (November 20, 1991).

2. Viktor Frankl, *Man's Search for Meaning* (Washington Square Press, 1984), 136.

3. Robert William Fogel, *The Fourth Great Awakening and the Future of Egalitarianism* (University of Chicago Press, 2000), 1 (parentheses in the original).

4. Frankl, 165.

5. "In America, the Meaning of Life Is on Most People's Minds," *Spirituality & Health* (March/April 2004).

6. Ronald Inglehart, *Modernization and Postmodernization: Culture, Economic and Political Change in 43 Societies* (Princeton University Press, 1997), 4 (parentheses in the original).

7. Gregg Easterbrook, *The Progress Paradox: How Life Gets Better While People Feel Worse* (Random House, 2003), 317.

8. Ann McIlroy, "Hard-Wired for God," *Globe and Mail* (December 6, 2003) 不過，在此必須指出，多數打坐僧侶的大腦活動都有偏左腦的趨勢。他們的思緒雖屬於右向，但從神經醫學的角度來看，卻集中在左半腦活動。

9. See www.edge.org/q2003/.

10. See Harold G. Koenig et al., *Handbook of Religion and Health* (Oxford University Press, 2000); Jeff Levin, PhD, *God, Faith, and Health: Exploring the Spirituality-Healing Conncetion* (John Wiley and Sons, 2001); Harold G. Koenig, *Spirituality in Patient Care: Why, How, When, and What* (Templeton Foundation Press, 2001); Claudia Kalb, "Faith &

Healing," *Newsweek* (November 10, 2003); Richard Morin, "Calling Dr. God," *Washington Post* (July 8, 2001); Bridget Coila, "Finding Meaning in Life Means Greater Immunity," *Spirituality & Health* (January/February 2004).

11. Kalb, "Faith & Healing."

12. Mary Jacobs, "Treating the Body and Spirit," *Washington Post* (September 6, 2003).

13. Rich Karlgaard, "The Age of Meaning," *Forbes* (April 26, 2004).

14. Martin E. P. Seligman, *Authentic Happiness* (Free Press, 2003), 166.

15. Laurie Goodstein, "Reviving Labyrinths, Paths to Inner Peace," *New York Times* (May 10, 1998).

16. 有關現有各地迷宮的介紹，可參考Juanita Dugdale, "Paths of Least Resistance," *I.D.* (March/April 2004).

17. "The Labyrinth: A Medieval Tool for the Postmodern Age: An Interview with Dr. Lauren Artress," available at www. gracecathedral. org/enrichment/interviews/int_19961206.shtml.

國家圖書館出版品預行編目 (CIP) 資料

未來在等待的人才 / Daniel H. Pink 著 ; 查修傑譯 .
-- 二版 . -- 臺北市 : 大塊文化 , 2020.12
. -- (from ; 36)
譯自 : A whole new mind : moving from the
information age to the conceptual age
ISBN 978-986-5549-19-0(平裝)

1. 創造性思考 2. 成功法

176.4   109015992

LOCUS

LOCUS

LOCUS

LOCUS